耶稣也说禅

The Zen Teachings of Jesus

[美] 梁兆康（Kenneth S. Leong）著
胡因梦 张欣云 译

上海社会科学院出版社
SHANGHAI ACADEMY OF SOCIAL SCIENCES PRESS

目录

推荐序

分母和分子之间

王鼎钧

梁兆康博士用英文写成的 *The Zen Teachings of Jesus*，由胡因梦女士和张欣云女士合力译成中文，出版在即，我有缘读到校样。

梁兆康先生用“禅”的观点解读耶稣留下的话语，进而分析讨论耶稣的风格性情修为造诣，立论耐人寻味。耶稣并未留下系统井然的经典，处处只字片语，跳跃衔接，悟性大于理性，启发多于说服，曾有人把他当作诗人或禅家看待，但语焉不详，点到为止。梁先生以庞大的结构著书立说，内涵几乎无所不到，外延几乎无所不包，可谓“充类至尽”矣！我十分钦佩和满足。

在我看来，“禅”是接受世界的一个态度，了解人生的一个角度，梁先生由此切入，别开洞天，不啻是为耶稣写了一部另类的传记。耶稣以其伟大和丰富，使我们横看成岭，侧看成峰。解经家曾经说过，新约四福音为耶稣立传，呈现了耶稣不同的精神面貌，耶稣为人、为神，或者为王。我小时候，读书得知耶稣是革命家，激进的斗士。我长大以后，读书得知耶稣是温柔而忧郁的哲人。后来我看到一部电影，它说耶稣是个明星，长于提高自己的知名度。

我是基督徒，“诸家争鸣”并未影响我的信仰。我了解“本体”和“诠释”的关系，耶稣承载这些诠释，一如分母承载分子，诠释增加就是分子增加，也就是数值增加，反而增加基督对我的吸引力。不错，基督教义有排他的成分，创教之始，开辟空间，不得已只好排他，现在是什么时候？不错，牧师布道，不留弹性，初信扎根，当然要牢牢固定在一点上，现在你是什么程度？论个人的需要，也许一瓢已足，为天下苍生计，自有江海万里，大海汪洋，耶稣是道路，瓶颈应该拓宽，耶稣是窄门，针眼可以放大。

我读翻译书成长，从小为劣译所苦。现在感谢胡因梦女士与张欣云女士，她们把这本我必读的书，译成我易读的中文，没有崎岖沉重的苦恼，却有探幽寻胜的兴奋。两位女士皆虔修佛法，对基督教义也揽其大要，取其精华，与中国文学也有一番因缘，由她们来翻译这本书，应是爱书人的佳音。

救赎，我们已经知道的内容更多，心胸，比我们已经开发的空间更大，“只读一本书”的时代是过去了，要欣然，不要惘然。

作者序

兼具悲剧性格与幽默的颠慧大师

梁兆康

如同其他组织化的宗教一样，历史上佛教及禅宗大师的教导多年来都被神秘化而难以解释。佛教在中国便常与民俗信仰及迷信混为一谈。既然我不是历史上的耶稣和佛陀的学者专家，就决定由文献来现身说法吧。基本上我是凭借马太、马可、路加和约翰四部福音来表达耶稣的教导。至于禅宗的义理，我基本上是仰仗六祖慧能的《六祖坛经》。

无论何时谈起禅宗，大多数人都认为禅是极玄妙的东西，又因为它无法以文字语言表达，所以不免被视为遥不可及。事实上，这种想法是大错特错的。

我们如果把禅当成一种哲学来看，就无法了解禅了。禅是“以心传心”的。然而这并不意味着语言毫无帮助，或是我们不能有论及禅的书。它只是在说明使用语言必须正确。《六祖坛经》毕竟是一部公认的禅宗文献。此外，其他禅宗大师们亦有不少论说。

在准备写这本书之前的研究中，我获得两个主要的结论。其一，人们无法由主流的基督教教义与神学去理解耶稣的讯息。事实上，这种知识上的探讨很可能令人误入歧途。圣托马斯·阿奎那（Sait Thomas Aquinas）也许可被称为基督教最伟大的神学家，他在 1237 年的弥撒布道中见到异象，据说他立即停笔，不再继续写他最重要的经典之作《神学大全》(*Summa Theologica*)。他告诉教会中的兄弟:“见到异象后，我觉得我所写的看起来不过是糟粕而已。”

我写这本书时获得的第二个结论是，禅是非常简单的。也因为它是如此简单，才使人觉得它无法捉摸，无路可循。许多聪明、才气纵横之士长时期钻研禅学，却仍未能了悟，是因为他们思考得太多了！

禅不是有关思考或抽象的东西，而是直接去看事物本身。事实上，你可从“拈花微笑”这个简单的故事全盘了解禅。禅的秘密全都包含在大迦叶的神秘微笑里。如果你能对此有所了解，你将会忍不住开怀大笑，因为生命中最重要的真理原来是如此简单。正如谚语所说，“踏破铁鞋无觅处，得来全不费工夫”。这是灵修旅程上的一大讽刺。

在这本书里，我尽量少用专有名词，但是有一关键用字“念住”(mindfulness，或译“觉察”）经常被误解。“念住”是表示对内心及周遭事物留意的意思。它并不是对某一事物特别注意，亦非静坐所练习的“定”或“专注于某一点”。“念”是一种精神上的警觉性。由于“念住”，一个人可以注意到他人所未觉察的事物。个人觉察的对象，可能是任何内在或外在的状态。

另外一个关键性的用词是“悖论”（paradox）。“悖论”一词在西方哲学一向用得非常普遍，可是在中国哲学上却没有一个和它同义的字。相悖的事物，看似互相矛盾、荒谬或错误，但却是真实的。在这本书中读者将会看到，许多耶稣的比喻都充满了悖论。举例来说，耶稣在《马太福音》第20章16节一个著名的悖论是，“因此，在后的将要在前，在前的将要在后”。所以藏传佛教创巴仁波切在他的论述中总喜欢用“颠慧”（crazy wisdom）一词。在我心目中，毫无疑问的，耶稣就是一位兼具悲剧性格与幽默的颠慧大师。

最后我想提的是，翻译此书的工作是相当艰巨的。不少英文词汇没有字义相等的中文可用。其中特别确切的除了“觉察”与“悖论”之外，还有灵性（spirituality）等。我很幸运有胜任的译者张欣云女士，她持有英国文学学位，是纽约世界佛教青年会《佛青慧讯》（*Wisdom Voice*）的创办人，并任主编前后达十五年之久。另一位审核翻译的余仲頔先生是哥伦比亚大学教育博士，专攻动作控制。他的中英文造诣极深，学问渊博，对中西哲学用语和概念皆具深切了解。目前在佛青负责将《阿含经》中的佛典故事译为英文。我也要感谢胡因梦女士对本书的推荐，因为她在翻译过程中的协助，让这本书读起来更显生动畅达。特别感谢他们三位的鼎力相助，使得中文版的《耶稣也说禅》得以问世，实现了我的心愿。

译者序

分享人类的心灵智慧

张欣云

1995年秋天，梁兆康先生送给我们佛青会常青会友一人一本他的著作*The Zen Teachings of Jesus*，并很热切地在每本书上签名。然而，大家的反应并不热烈。这期间虽然我们仍然一起共事，出版《佛青慧讯》，梁先生从此便很少再提起这本书。就这样，这本书在我案头的书架上与我默默相对近七个年头。回忆过去那一段逃避此书的"心态"，是那种执着佛法为万法之法，唯佛智方为究竟般若的狭隘心胸。在那种护教使命与宗教情操之下，哪容得下以耶稣为主角，以《圣经》福音为架构的书呢！

在那几年间，断断续续地开始有大学邀请梁先生去演讲，有许多的哲学、东方宗教、神学研究科系等指定这本书为必要参考书。2001年初，梁先生兴奋地告诉我这本书已被德国最大的心灵出版社（Herder & Herder）译为德文，同年四月他受德国天主教协会及禅学会（Zen Akademie）邀请，至德国演讲，并为他的出版社助销此书。当时，我被德国人那种心灵空间无疆界的无碍胸怀所感动。我想，天主教都能欣赏“禅”，为何佛教徒不能欣赏“耶稣”呢？

期许自己一年的时间，禁闭，关在三面为窗、白松环绕的小楼中，放下了佛，敞开了自己，与耶稣相处。案头上摆出了王鼎钧教授借给我的几种《圣经》版本，虽然觉察到自己仍带着一丝勉强，却果断地踏出了这个艰辛、苦中带甜、漫长却丰盈的心灵之旅。我细嚼慢咽地品尝这道古圣先贤、中西哲人、神学家、诗人与文学艺术大师们共同精心烩制出来的心灵飨宴，唯不忍独享，遂凭着这股与他人分享人类心灵智慧的热忱与傻劲，终于一个字一个字地，我敲出了《耶稣也说禅》。

以一个译者的立场，我只想忠诚地表达作者想要表达的原意，所以与梁先生及审阅的余先生在许多艰涩难译的特别用语、哲学专有名词及作者真正想传递的讯息上作过详细的沟通，而达成共识。希望透过这本书，将人类心灵智慧的结晶，以原貌呈现在读者面前，供读者取用参考。希望读过此书后，你能意识到心灵空间本无疆界，人类原本一体，各个宗教能彼此欣赏，撷长补短，毕竟人类心灵智慧的宝库是对每一个人开放的。

要感谢促成此书的因缘太多，最要感谢的是“推我一把”的辅仁大学心理学系夏林清教授，没有她的鼓励与催促，我不可能接受这个艰巨的挑战。感谢梁先生对我的信心与耐心，让我有机会尝试翻译此书。感谢王鼎钧教授夫妇，如春风化雨，不吝指教后学。感谢作家老友廖玉蕙2002年夏天访问旅美作家期间，曾在纽约停留数日，并不厌其烦地与我共同校对头两章，在句法结构、用字、去赘与精简上展示了许多技巧，对我构思下笔有基本性的帮助。感谢我周遭的所有密友在精神上的支持；感谢孩子们的了解与独立，使我终能完成此书的翻译工作。

要感谢的最重要因缘是心灵工坊出版社，感谢他们对心灵文化的自由、开放与超然的精神，愿意出版这么一本具潜在争议性的书。最后，感谢艺术家好友赵永恕在台北找到他的老朋友庄慧秋，并亲自将译稿交予心灵工坊，串联起这件翻译工程的最后一个“出版”环结。

2004年冬于纽约长岛

导读

一幅攸关真理的终极地图

胡因梦

大约在公元前6世纪左右，也就是所谓的轴心期，人类意识的演化突然有了重大突破。无论是东方或西方世界，都同时出现了一些在心灵上深具才分的探索者。他们凭着敏锐的觉知、深观的能力以及追根究底的精神，不约而同地探入了意识的源头。从这个无相境界所爆发出的原创力，通过这几位探索者——释迦牟尼、拿撒勒的耶稣、老子、克里希那穆提、巴曼尼德斯——而形成了世界最重要的几个智慧传承。时至今日，东西方文明及文化的发展，仍然脱离不了这几个智慧传承的影响。然而不幸的是，这些智者们在深入源头时所创发出来的洞见，并不是当时的人类语言所能完全捕捉的，因此多半以隐喻、寓言或是意会多于言传的方式记载了下来。经过数千年的演变，这些纯属个人创见的终极智慧，逐渐因俗世制度的需要，而形成了组织化的宗教。于是各种以讹传讹的错误观念，基于恐惧而附加于终极真理的批注，退而求其次的机械化修练方法，为便利规范而延伸出的威胁利诱手段，因应人类英雄主义的倾向而发展出的苦行锻炼，由于倚赖和奉献的倾向而形成的阶级之分，全都伴随着宗教的组织化倾巢而出。

此外，第一个轴心期所发展出的终极真理，其范型几乎完全属于上溯空性、追求涅槃解脱及超尘之天国的二元论。在这个范型的影响之下，几位悟道者的门徒及后世的追随者，开始把灵修诠释成弃世、离欲及否定现世生活的二元论。于是神性与人性因而分家，涅槃与轮回从此分裂，有形世界与无形世界也成了敌对的两个次元。到了公元2世纪时，这种二元对立的世界观开始出现明显的问题，所幸当时最前卫的心灵，率先推动了超越涅槃及宇宙深渊的不二运动。其代表人物在东方是龙树，在西方则是柏罗丁。根据整合学者肯恩·威尔伯（Ken Wilber）的说法，东方世界的不二运动促成了大乘佛法、吠檀多哲学、新儒家思想、克什米尔识知派哲学及佛教的密乘——统称为“密法学派”。而西方世界的不二运动则促成了新柏拉图主义与唯心主义。

到了公元19世纪，东西方又陆续出现了一些扭转误谬、创新视界的心灵导师，譬如1895年出生于印度的世界导师克里希那穆提，1872年诞生于孟加拉国的印度圣哲奥罗宾多，1870年生于日本的禅学大师铃木大拙，1872年诞生于俄国边境的奇人葛吉夫，1842年诞生于美国的心理学之父威廉·詹姆斯，1875年生于德国的超个人心理学之父荣格，等等。这些智者都擅长精密审慎的哲思及心理学语言，他们兼具超然的客观意识及精微的主观体验，因此得以将过往人类所无法彻底诠释的内在现象及超个人经验，清晰无误地传达给有意愿聆听的人。此外，他们所强调的重点，几乎都在认识自己、记住自己、转化自己、超越自己、解放自己，故而逆转了向外驰求的他力信仰及精神上的唯物倾向。现代人历经数千年的误导之后，终于借由20世纪蓬勃发展的出版及信息事业，将心灵上的密学转成了显学。

19世纪出现的这一波“灵性复兴”运动，促成了20世纪60年代以降的另一波无法抵挡的“宝瓶同谋”。其中的某些心灵同谋者一致追求的目标，就是要彻底解除人类内心长久以来所承受的恐惧、内疚、二元对立的冲突与矛盾、莫名的焦虑与苛责、对自我根本价值的否定等烦扰，并且要帮助人类扭转无法在当下体验身心的逃避倾向。换言之，他们的工作旨在协助人类体悟廓然无圣的平常心，以超越二元对立的态度深入于现世经验中，透过对身心的觉察在当下了脱趋乐避苦的业习，并体尝到密法或不二智（禅）的无轨则性及平等性。而人类集体的救赎，就奠基于个人的了悟与解脱。

《耶稣也说禅》与其说是梁兆康先生原创的解脱言论，不如说他汇集了上述古今中外的解放者之观点，借由令人费解的耶稣与暧昧难懂的禅，重新锻造出一幅攸关真理的终极地图。同时也借着基督教与禅的这场圣婚，来打破日趋严重的宗教对立问题。

为这本书做审译与修订工作，犹如享受了近两个月的“心灵盛宴”。一位长居美国的中国人，能以卓越的英文写出如此博大精深、东西融通的真理之书，令人禁不住要为作者高喝一声Bravo！梁兆康先生16岁时离开耶稣去寻“道”，40岁再度从耶稣的福音中觅得了“道”。这一段看似绕远路的心灵探索之旅，其实是成长不可或缺的触类旁通的学习过程。兆康先生的心灵探险与我个人的成长历程十分类似，因此为本书效劳的过程，才会变成一次如此相应的愉悦经验。同时要感谢的是另一位译者张欣云女士，十多年前我旅居纽约SOHO区的那段日子，欣云女士曾提供她的家，让我们一群有心学佛的友人，得以在李恒钺教授这位无私长者的引领之下，初识科学与佛法结合激荡出的理性之光。如今与她携手合作完成了这本书的翻译工作，也算是再续前缘。

前 言　在日常生活里发现耶稣

耶稣这位艺术家所教导的奇迹，并不需要凭借超自然或某种神力的干预，只要你能够觉察，就可以在平凡的日常生活里发现它。

研究耶稣和他的教诲并非易事。在研究耶稣的学术领域中，最负盛名的学者应该是桑德斯（E. P. Sanders）了，他说过研读福音是一项非常艰巨的工作，他对学者们想尽办法寻找有关耶稣的可靠史料深表同情。在《耶稣的历史形象》（*Historical Figure of Jesus*）一书中，桑德斯教授作了以下观察：

我们只能透过耶稣去世数十年后人们所写下的书来认识他，而这些人极可能不是他生前的门徒。他们通常以希腊文来引用耶稣的话，然而那并不是他的母语。从我们所找到的资料也可以看出，耶稣的言行和歌颂他的著作所记载的大不相同。今天，不论是我们还是给我们提供资料的作者，都不可能像古老的巴勒斯坦那样拥有完整的档案，甚至连一张清楚的地图都没有。虽然这些局限在古代是很寻常的现象，却有许多令人疑惑的地方。

除了缺乏史料，研究耶稣的难处还在于，大多数人对耶稣都抱持着沉闷的假设与成见。当我告诉别人我写了一本耶稣说禅的书，多数人都很讶异。由于他们已经熟悉有关耶稣的教义和神话，因此每当耶稣的名字被提起，他们的脑中立刻就会冒出献祭的羊、圣餐、救世主、神迹，以及超自然现象、启示录、欢乐天堂和悲惨地狱的影像。因为这些影像是跟着我们一起长大的，所以很难将它们一笔勾销。不幸的是，这些影像以及传统对耶稣的看法，往往混淆了耶稣教诲的美及其深度。当我在纽约上州万赖特堂（Wainwright House）开设耶稣说禅这类课程时，我总是要求学生先扬弃过去对耶稣的既定观念。我们必须从头开始。威尔逊（A. N. Wilson）是一位机敏的历史学者，他分别写过有关耶稣及圣徒保罗的书。他提出了以下忠告："一个人在试图回答有关历史耶稣的问题时，必须先清空他的心。耶稣教诲的重心就在他对神与犹太教的信仰。"

这是非常好的忠告。有趣的是，如果能空掉你的心，不把任何事视为理所当然，便自然进入了禅的精神状态。著名的神话学家约瑟夫·坎贝尔（Joseph Campbell）也提出了同样的忠告。美国公共电视记者比尔·梅耶斯（Bill Moyers）在某次访谈中曾经对坎贝尔说："许多基督徒都认为，为了查明耶稣是何许人物，他们必须超越基督徒信仰、教义和教会组织。"坎贝尔对此回答说：

> 你要超越的是想象中的耶稣形象。这样的圣化形象一定会变成最终的阻碍。你若是抱持着自己的意识形态，自己的思考方式，那么当真正的神圣体验降临时——而且这个体验超过你所能接受的范围——你就会紧抓着心中的形象来逃避它。这便是所谓的保护一己之私的信仰。（审定者注：出自坎贝尔的《神话的智慧》。）

这本书出版了几年之后，我们发现大众对“历史耶稣”的兴趣突然上扬。人们都渴望知道学者和近代研究者对传统所记载的耶稣之真伪有何发现。他们经常询问以下问题：

- 耶稣到底教导了什么？
- 他自称为神吗？
- “耶稣运动”（Jesus Movement）究竟是怎么一回事？
- 有无可靠的证据可以显示出他真的复活或是由处女所生？
- 从史料来看，福音的可靠性有多大？
- 基督教和宣扬神死而复生的秘教有什么关系？
- 耶稣真的创立了一个宗教吗？或者这个宗教是在他之后才产生的？
- 今日基督教的教诲有哪些是来自耶稣，哪些是来自使徒保罗？
- 耶稣真的是犹太人吗？
- 是否真有耶稣这个人？
- 耶稣反对法利赛人吗？或者他自己就是法利赛人？

在阅读此书之前，我要请你先清空你的心。扬弃一切预设的观念，尤其是那些透过传统所传递下来的知识。你若是问学者这个领域里有什么样的共识，那就是，传统教会有关耶稣的教诲绝非认识“历史耶稣”的可靠指南。譬如《尼西亚—君士坦丁堡信经》（*Nicene-Constantinopolitan Creed*）在公元4世纪时结集而成，经过5世纪的修订后，被公认为是最能阐明正统基督教教义的经典。经上说：

> 我信独一上帝，全能的父，创造天地和有形无形万物的主。我信独一主耶稣基督，上帝的独生子，在万世以前为父所生，出于神而为神，出于光而为光，出于真神而为真神，受生而非被造，与父一体，万物都是借着“它”造的；为要拯救我们世人，从天降临，因着圣灵，并从童女玛利亚成肉身，而为人；在本丢彼拉多手下，为我们钉于十字架上，受难，埋葬；照圣经第三天复活；并升天，坐在父的右边；将来必有荣耀再降临，审判活人死人；它的国度永无穷尽；我信圣灵，赐生命的主，从父和子出来，与父子同受敬拜，同受尊荣，它曾借众先知说话。我信独一神圣大公使徒的教会；我认使罪得赦的独一洗礼；我望死人复活；并来世生命。

吉萨·维尔梅斯（Geza Vermes）是英国科学院（*British Academy*）的院士及牛津大学犹太研究所的退休教授，一位备受推崇而权威的《圣经》学者。他对这个基本信条做了如下评述：

> 历史耶稣，这位犹太人的耶稣，可能会对基督徒信条的

前三行和后两行感到熟悉，他虽然对神学不甚关心，但是要赞同这样的说法并不困难。但毫无疑问，他会被其余的信条所迷惑，因为这些信条与他所倡导和实践的似乎毫不相干。

这就有趣了。如果维尔梅斯所言属实，那就表示凡有关耶稣诞生与复活的故事以及宇宙救主的概念，都会被耶稣拒绝。事实上，维尔梅斯也曾说过，耶稣“确实从未想过自己是神。对当时一个虔诚的巴勒斯坦犹太人来说，这种思想本身就不可思议，完全是一种渎神的言论”。桑德斯也赞同这个说法。他发表了一段令人震惊的言论：“耶稣认为神的天国就在当下，他的门徒已经接受了这个讯息。如我所言，他或许是抱憾而死的，而他的门徒有十足的理由相信自己即将步耶稣的后尘，于是便躲了起来。”

面对诸如此类不确定的情形，我们对耶稣这个人还能谈论什么呢？一般读者如何才能得知耶稣的真实教诲是什么？我曾经问过自己无数次这个问题，却只得到一个简单的答案：我们可以从福音中找到耶稣的真实教诲。人们可能会觉得意外，我的答案竟然跟主张直译《圣经》的学者雷同。的确，我对耶稣及灵修生活的观点，与那些基本教义派的信徒截然不同。或许读者会质疑，如果我们双方都把《圣经》视为终极的资料来源，为什么会有这么大的差别？答案很简单。基本教义派及基督教福音派都说他们阅读《圣经》，但是他们很少“放空自己的心”。他们在读经时，传统教会的教条会立刻在耳边响起，因此他们并不能如实地阅读《圣经》，而是依照教会要求的方式去读。而我们无法透过这样的方式来认识“耶稣的原貌”（original Jesus）。

我采用的是截然不同的读经方式。我试着不做任何假设，也不把任何事视为理所当然。我以全新的眼光反复阅读福音，将教会与权威的教导放在一边。当我对耶稣时代的言语、历史架构、文化及宗教气候有了清晰的了解之后，便试着找出一个具有连贯性和一致性的耶稣形象及其所传达的讯息。是什么东西使我对耶稣产生了深刻的印象？他究竟说了什么竟然能如此深切地触动我的心？我一一将它们列举了出来：

- 他说，除非我们变成孩子，否则就进不了神的国。
- 他要我们从飞鸟与野花的身上，学会如何喜悦地生活。
- 他教导我们，神的国降临时是无迹可循的，因为它早就在我们心中了。
- 他从未说过神的国专为他的门徒而设立。当他说："凡称呼我'主啊，主啊'的人不能都进天国；唯独遵行我天父旨意的人才能进去。"这个非独占性的、超越派别的讯息已经表达得非常清楚：会员资格毫无用处，付诸行动才算数。
- 他是一位从不自称为神的大师。事实上，他甚至不认为自己是良善（good）的。
- 他从不自命为基督、救世主或神。他只称自己为"人子"（son of man）。（根据维尔梅斯的考据，耶稣所谓的"人子"，一如"鄙人"，不过是一种谦辞。）
- 他描述的道不是一条只有属灵的超人才能走的路。对他而言，灵修不是一种奋斗，也不是超越别人的一种方法。他教导柔顺之道。他向全世界宣布了一个好消息："我的轭是容易的，我的担子是轻省的。"

- 他区分出爱与偏袒的不同。当他说“他叫日头照好人，也照歹人；降雨给义人，也给不义的人”时，他其实是在教导爱与宽容的福音。
- 当他告诫门徒去“爱你们的仇敌，为那逼迫你们的祷告”时，他是在教导爱及宽恕而非报复。

我认为这些都是耶稣教导的核心。我对归属于他，却违反这些心灵基本原则的教义存疑。我们每一个人，终究都得靠自己来认定耶稣是何许人，以及他代表的是什么。对我而言，他就是一位生活艺术家，他教导的是生活的艺术。这或许是我的偏见，但也许不是。读这本书时，我请你们敞开胸怀，不要带着成见及有色眼镜，或许你们也会发现耶稣教诲的神奇之处——耶稣这位艺术家所教导的奇迹，并不需要凭借超自然或某种神力的干预，只要你能够觉察（mindful），就可以在平凡的日常生活里发现它。

第一章　以禅释福音

在世上你们有苦难，但你们可以放心，我已经胜了世界。

——《约翰福音》第 16 章 33 节

我 16 岁时离开耶稣去寻“道”。如今我已经 40 岁了，才意识到在耶稣这里也可以找着“道”。这本书有一部分是我个人的心路历程。看起来好像绕了一大圈，而其实若不是如此，我可能根本无法真的了解耶稣。在这里我想指出的是，“禅”并非舶来品。它随时活跃在我们日常的生活里，永远可以在自家的后院里找到。只是大部分的人都没注意到它就在我们的眼前。“禅”是超越文化与宗教的一种现象。不论在哪里都可以找到“禅”。因为“禅”就在你心中。

耶稣极可能是人类历史上最有名气的人物。基督教的《圣经》是一年四季最畅销的书，基督教在西方世界则是最兴盛的宗教。但是拿撒勒的耶稣去世了两千多年，却仍然是一团令人费解的谜。

耶稣是谁？他代表的到底是什么？他教导了什么？在这方面，我们到现在为止也只有少许的共识。所以这位历史上最负盛名的人物，也是最难理解的一位。

这本书不是在探讨历史上的耶稣，也不是从学术上去研究基督教、传统教条或耶稣的旨意，而是用一种全然不同的领会，去寻回耶稣福音早已失去的灵性——欢乐、幽默与诗意。我们必须分辨出传说中的耶稣与耶稣真实教诲的不同之处，才能发现一个五彩缤纷、生气蓬勃的新世界。我们正要开始一场拓展视野的历险。

我们经常会误解耶稣，是因为我们总以"严肃"或"神圣"的态度来看待他。讽刺的是，严肃地看待耶稣，并不是真正认真的态度。真实的心灵修持必须从放松开始。若是用一种严肃的态度来读经是大不敬的事。

要了解耶稣的教诲，我们必须具有幽默感。事实上，幽默感也是开启禅境的钥匙。传说中，禅始于大迦叶的微笑。大迦叶是佛陀的大弟子之一，我会在第一章"拈花微笑的开示"里进一步探讨他的微笑。

犹太基督教传统通常给我们一种僵固而拘谨的印象，不过我们必须记住，上帝永远有他幽默、风趣的一面。他让摩西成为犹太人最重要的先知，而摩西却是一个言辞笨拙的人。上帝也使莎拉（Sarah）老年得子，并为他取名以索（Isaac），意为"大笑者"。使徒保罗对于上帝喜欢恶作剧这件事曾有这样的描述：

神却拣选了世上愚拙的，叫有智慧的羞愧；又拣选了世上软弱的，叫那强壮的羞愧。（《哥林多前书》第1章27节）

我们若是懂得了上帝的风趣，就不难理解为何“严肃”才是通往灵性的主要障碍。因为放松本是幽默的首要条件。耶稣曾经感叹：“父啊，天地的主，我感谢你！因为你将这些事向聪明通达人就藏起来，向婴孩就显出来。”（《马太福音》第 11 章 25 节）这个说法已经十分接近禅境，然而不仅一般人及神职人员忽略了它，就连神学家也错过了这一点。孩子们比成人更富有灵性，是因为他们比较放松、仰赖直觉以及少用脑筋思考的缘故。

多数人所认为的“严肃”，其实是一种“我执”的表现。人之所以严肃，通常是因为自我意识太强，过于迷恋自我的重要性，对自己观念中的是非善恶都过于执着。我并不是提倡草率或随便，但严肃的确是一种自我挫败的倾向，它反映出了某种固执。固执会干扰我们的觉察与可塑性。相反，放松与幽默到了一定程度，却会使我们更有觉察力，更有效率，这才是“真正”的严肃。

其他还有各式各样的固执，最常发生在我们身上的那一种就叫作“常识”（common sense），其中包含着理性的成分。大部分人对非理性的事总是不当回事，这也是“荒唐”（non-sense）的原意。但爱因斯坦博士却观察到，所谓“常识”，只是累积了多年的偏见，而这偏见却是在数十年的社会制约（social conditioning）下产生的。禅的重点并不是去抗拒理性，而是承认理性有其局限。

表面上看起来似乎不太可能，但幽默的确是通往真理之路。许多人经常将幽默、轻浮以及一种漫不经心的人生态度联想到一块儿，哲人乔治·李昂提纳（Georgian Leontinus）却有截然不同的看法：

唯有幽默才能测试出一个人的分量，而分量之中一定带有幽默。一个主题若没有逗趣的内涵，会令人生疑；一则笑话若缺乏严肃的审思，也不过是虚浮的小聪明而已。

从现在开始，让我们将幽默定义为一种心智的能力，然后用它来发现、表达或欣赏那些滑稽、不协调或不合理的事物。它也意味着心灵上的敏锐度与黠慧。幽默与黠慧密不可分，而黠慧也是一种心智（mental quality）的能力，它能认清戏谑与潜藏于其中的某种启示的关系。这两者都是心灵的主要质量，是达到开悟不可或缺的条件。

真正的幽默需要机警与灵敏的特质，它是放松的结果而非恐惧的产物。深层的心灵真相若以文字来表达，往往显得自相矛盾，甚至可笑。举一个现成的例子，耶稣说过一句名言："凡想要保全生命的，必丧掉生命；凡丧掉生命的，必救活生命。"（《路加福音》第17章33节）这句话完全不合逻辑。如西蒙娜·薇依（Simone Weil）所言，"矛盾乃是真相的准则"。

多数人都认为理性是神圣的，但是从更深的层次来看，生命本身却极不合理，它不会臣服于理性的统驭。一个绝顶聪明的人在三岁孩子频频追问"为什么"时，也会哑然失声。如果你还没有被说服的话，不妨问自己活着是为了什么？生命原本就是一个神秘难解的谜，它不是用脑筋思考可以解决的，你必须用心去体会。这便是"禅"所要传达的讯息。

耶稣有许多不为人了解甚至被误解的地方，这都是因为人们对他太认真了。大多数时候，人们只是一味地崇拜（或攻击）他，而不想真的去聆听他的话语。"禅"是带着幽默感、放松并且懂得聆听的。如果真正去聆听耶稣的话语，你会发现他很少说教或宣扬道德，而是擅长说一些多彩多姿的故事，而且还总是以他的诗来启发我们。

我们当然可以把耶稣当成救世主、弥赛亚、神子及创造奇迹的人，但我们如果不知道他的内在其实是个诗人，他的诗便是他的灵魂之歌，那就完全错失了重点。在“禅”的领域里，这被称为“道”。“道”的本质是矛盾的，既无法传授，也无法用言语来表达，只能予以暗示。所以耶稣经常借着诗与幽默来表达自己。只有在诗中才可以找到同时存在却又优美和谐地兼容在一起的矛盾。

我们若想了解福音中的真理精神，就必须去观察其中的诗篇和疯狂荒谬的笑话。许多基督徒（佛教徒亦然）都有一种贬低欢乐、趣味、笑声和笑话的倾向，这对他们来说实在是一种很大的损失。我曾经在禅修班中要学生们闭上眼观想佛陀，然后我要他们再观想耶稣基督，不出所料，大部分学生所描述的佛陀往往面带微笑，而基督却是严肃的。

这本书中有一部分就是在介绍一个欢乐的耶稣。笑，尤其是这个“真实”世界里的笑，才是通向健康的精神生活的最重要元素。路易斯（C. S. Lewis）在《地狱来鸿》（*The Screwtape Letters*）一书中假借魔鬼的声音说道：“这样（欢乐）的笑声对我们魔鬼没什么好处，所以不该被鼓励。而且这个现象本身是令人作呕的，对地狱的现实主义、尊严及刻苦，是一种迎面而来的羞辱。”同样的，布里斯（R.H. Blyth）这位西方禅的先驱之一也曾经说过，“开悟永远伴随着一种超凡脱俗的笑”。

欢乐是一种精神上的修为。它不是我们与生俱来的本能，如果是的话，大部分人都应该是欢乐的。所以欢乐是必须去学习的一种能力。在本书中我们将看到耶稣如何透过福音教导欢乐的艺术。

笑是解脱的开始。我们必须学习不要太过严肃，要放松一点。从这个层面来看，幽默乃是精神觉醒的重要因素。有一种自嘲式的幽默特别有用，因为它使我们放下内心最大的执着——我们“自己”。一个人若是无法嘲笑自己和自己的“神圣对象”（holy objects），是无法当好禅门徒生的。开悟的出现，大部分是因为看到自己身上的笑话而心开意解。

所以习禅首先要了解的事之一就是它不是严肃的。禅里找不到“神圣对象”，或者说在禅的世界里样样都是神圣的。有一则著名的禅笑话是:“如果你看见佛在路上走，杀了他！”禅蓄意对神不恭敬，甚至冒渎神，因为我们的“神圣对象”通常是我们最大的执着，就是因为它们，我们才无法真的属灵。这么一来，你还会惊讶耶稣在世时经常被人指责对神不敬吗?

我们大部分人都知道，十诫的头两条有关偶像崇拜，但问题是我们无时无刻不在崇拜偶像，而且经常是不自觉的。事实上，最危险的就是“奉主之名”的偶像崇拜。对耶稣的话盲目地崇拜就是一个现成的例子，因为我们只从字面上去看它，而忽略了其中包含的诗意。正是因为没有领会它们的美、喜悦与洞见，我们才受到了“惩罚”。

我从登山宝训节取一段诗文，来说明为什么读《圣经》应该像读诗一样:

耶稣举目看着门徒，说：你们贫穷的人有福了！因为神的国是你们的；你们饥饿的人有福了！因为你们将要饱足；你们哀哭的人有福了！因为你们将要喜笑；人为人子恨恶你们，拒绝你们，辱骂你们，弃掉你们的名，以为是恶，你们就有福了。当那日，你们要欢喜跳跃，因为你们在天上的赏赐是大的，他们的祖宗待先知也是这样。(《路加福音》第6章20至23节）

我们所犯的最悲哀的错误之一，就是以为进入天国（kingdom）是未来的事。圣徒保罗已经说得很明白:“现在正是悦纳的时候，现在正是拯救的日子！”(《哥林多后书》第6章2节）诗句中“将要”这两个字的意思指的是“必然”而非“未来”。若是做另外的解释，就会减低天国的美与神秘。

天国就在“当下”，亦即耶稣所说的天国在我们的“手中”。一旦睁开心灵的眼，就会看到贫乏之中的丰盛，饥饿之中的饱足，悲伤之中的喜悦，困顿之中的福祉。一切相对的事物在天国里都融为了一体，它们是眼前存在的事实。耶稣说:“看着，你们在天国的赏赐会是丰盛的。”如果我们用心去看，天国就在这里，就在眼前。关于这一点，我会在“神奇的王国”一章中详细说明。

耶稣不仅是诗人，也是一位艺术家。从某个角度来看，诗人就是文字的艺术家。然而耶稣不仅是文字的艺术家，也是生活的艺术大师。他用生活当题材来表达他的灵魂，把质量带入生活之中。

禅原本就跟诗与艺术相关。其实，禅不过就是一种生活的艺术，习禅意味着美化及增进自己和他人的生活质量。在接下来的两章中，我们会看到禅的许多基本元素：存在、平常、乐趣、轻松、柔顺、自由、简单及悖论，这些恰巧都是艺术的重要元素。我们会在“什么是禅？”这两章中看到，登山宝训在本质上就是“生活的艺术”。

让我稍微提示一下禅元素中的“平常”。毫无疑问，现代文明已经在科学、工业技术、物质福利上有了极大的进展，但有一个重大的问题在本书中特别要强调一下：为什么有了这些“进步”，我们并未得到快乐？《纽约时报》有一篇文章，标题是《现代性所付出的代价：忧郁》（1992 年 12 月 8 日），这是一篇悲叹现代人不合理命运的文章——尽管物质如此丰盛，我们还是不快乐！我个人对这个问题的回答是，现代世界已经失去了“平常中的奇迹”。这种艺术可以将平凡、庸俗或单调的存在状态，转换成美妙与喜悦的生活方式。

这正是为什么耶稣与我们的世界息息相关的原因之一。耶稣就是“平常中的奇迹”的伟大导师。但是我们都忽略了他的这份才气，而只是一味地迷恋他展现的奇迹和一些超自然的伟业。偶尔看看信心治疗的活动会觉得很有趣，但学习“平常中的奇迹”应该是更重要的事，因为它会影响我们每天的生活。一般人的心总是寻求外在的奇观，然而最重要的奇观却是内在的——从根本上改变我们对世界的看法。缺少它，“平常中的奇迹”就无法发生。

耶稣是一位极有威力的上师，他唤醒了我们内在那个潜伏的艺术家，并教导我们“内心的炼金术”。如同其他艺术一样，“生活艺术”的目标并不是去改变外在世界，而是以创意及建设性的方法与它联结在一起。光是这一点已经是真正的奇迹了。玛利安·威廉森（Marianne Williamson）为我们提供了一些对奇迹本质的洞察：

> 奇迹（miracle）不是一种客观情况的改变（虽然这也经常发生），而是我们如何去了解及接纳现状。最大的改变就是能够将一种经验安置于内心，亲自去体尝这份经验。

即使我们有改变外在世界的妙方，我们的“我执”也还是有办法不断地变更它的需求，因为欲望是无止境的。唯一的解决办法就是运用“内心的炼金术”，也就是去发觉内在的天国（内在的品质或美）。决心发现“平常中的奇迹”是一种精神上的觉醒。一个人只有觉醒之后才能“重生”，过一种全新的生活。

真正的灵修是一种艺术——灵修需要想象力和极大的敏感。虔诚并不是通往高层艺术的正确途径，也不是贴近耶稣话语的方式，因为耶稣的话语是他心灵体验的诗集。

由于人们崇拜偶像，而且总是从字面去解释经文，所以许多信仰虔诚的人都无法认清耶稣的真意。要记住耶稣其实是一位艺术家及诗人，而艺术只有在一种条件之下才可能发生，那就是当艺术家与观众的灵魂真诚沟通的时候。崇拜的态度只会使两个灵魂分离而非相会。社会学者艾伦·罗森保（Ellen Rosenberg）对于《圣经》崇拜这件事曾有以下观察：“当这些密码文字变成‘无误的《圣经》’时，人们就很少去阅读它，而只是拿它来传教；人们不再去理解它，而是把它当成了手中的剑在挥舞……《圣经》早已变成了护身符。”

惧怕独立自主与一股想要臣服的冲动，乃是真诚沟通的另一重障碍。“《圣经》文盲”为某些视《圣经》为绝对权威的基督教团，带来了崭新的意义。这类基督教团的成员经常引用《圣经》的话，但是他们对《圣经》的理解通常只是一种教条式的训诫，而不是自己的亲身体验。这么一来，真诚的精神就会缺乏。哈罗德·布鲁姆（Harold Bloom）对这种现象发表过如下意见：

> 综观基督教新教的历史，最讽刺一点是，《圣经》的地位被抬高后，浸信教徒和其他新教徒虽然脱离了教会压迫，获得了心灵上的自治权，但是在20世纪结束之际，浸信教徒与新教徒却因而失去了以自己的内在智慧来诠释及阅读《圣经》的能力。他们从此丧失了基督徒的自由意志。

耶稣的话语乃是心灵的诗篇，通过制度化宗教的过滤是无法触及个中精髓的。因此我们必须靠自己的“心灵能力”（soul competency）与其产生共鸣。头脑所理解的《圣经》知识是不够的。我们必须用心去“感觉”耶稣话语中的真理与活力。只有跟耶稣“心连心”才能真正了解他。

这本书也企望为耶稣澄清一些负面形象。有些人可能认为，耶稣是一个喜欢谴责与诅咒人的传教士，但是很难想象一个“粗暴”的老师，会要求我们从小孩而非神职人员身上去寻找心灵的指导。耶稣说，天国是属于孩子们的。只要仔细地看看孩子们的行为，一切对耶稣教诲的误解都会烟消云散。孩子们是活生生的，散发着热力，精力旺盛，无忧无虑，好玩乐，爱嬉戏。他们活在当下，完全投入于他们眼前的事；他们富有冒险精神，将生命发挥到极致；他们时时活在灵性的生活里而不自觉。这些就是孩子们心灵的品质，也是耶稣要我们去学习的部分。

事实证明，耶稣的宗教是自然的，在他的心灵中找不到一丝造作或挣扎。如同艺术不是被逼出来的，耶稣也看到通往神的途径是“无为”（不行动的行动）的。在“我的担子很轻”这一章里，我们将会明了无为的意思。

人们对耶稣的另一个误解是认为他是个道德家。道德家通常会提倡一套有关良善的明确准则，但耶稣并不拥护准则，因为他意识到“美”（或品质）没有一定的处方。事实上，为了达到“美”而去遵循某些规定，正是丑的开始。老子已经发现：“大道废，有仁义。”良善和艺术一样无法勉强，它必须是源自灵魂的一种自发表现。某些人或许会把这种毫无准则的向善方式视为道德的放纵，但耶稣真正提倡的是一种叫作“艺术”的高层道德——也许叫超道德（meta-morality）更恰当一些。对于善与恶我们将会在“使人污染的是什么？”这一章里做更多的探讨。

耶稣是一个充满爱的人，他尤其热爱生命。学习爱首先要了解的是，爱是神秘的，也就是说爱是一种无法被全然了解的东西。在这本书里我用了一整章来探讨“爱”，我意识到要谈论这个深奥的主题是多么困难的一件事。从某方面来看，爱可以说是荒唐的。它既无规则可循，也无道理可言。我们知道真爱是“无条件”的，意思就是，这是一件免费的礼物而不是一种投资，更不是一种报偿。但“无条件”在我们的世界中往往被视为是非理性的。因为在理性的世界中，我们所做的每一件事都有理由。

爱与恐惧不能混为一谈。恐惧被理由所驱使，爱却不是。但“宗教情操”强烈的人时常无法区分这两者。当耶稣被问及十诫中最伟大的戒律是什么时，他回答说：“你要尽心、尽性、尽意爱主——你的神。”

如果你用心去留意的话，你会发现耶稣在回答这个问题时表现得相当有趣。他其实是用这个答案来戏谑宗教权威，因为他们把爱与恐惧混淆了。他甚至以“用你全部的心，用你的整个灵魂……”来暗示我们。如果能放松并仔细聆听他说的话，就会了解这是他说过的最伟大的“笑话”之一：这是一条不可能达到的戒律。可以被命令与掌控的就不是真爱，只有恐惧是可以被支使的。换句话说，耶稣给我们最伟大的而且是唯一的戒律，却变成了一个自相矛盾的宣告。这个“不可能的戒律”显现出耶稣的道德观与形式主义之间的强烈对比，同时也显露出他的心灵洞见。我们因恩典而得救，而这并不是靠努力可以达成的结果。

优美而不费力的爱才是实修（true spirituality）之道，它绝不是严苛的说教。真爱本是一种艺术而非道德上受限制的形式，因为它拒绝努力，也不奉守准则。爱是自发的，富有创意的，是一种令我们心灵解放的艺术。道德主义的规范只会约束我们的心灵。这就是为什么耶稣会如此抗拒宗教权威，譬如形式主义者（Pharisees）、律法学者的原因之一。将重点放在严苛的道德上，只会逐渐毁掉爱。

福音里的某个故事完美地阐述了耶稣对道德主义的看法：

耶稣在伯大尼长大麻风的西门家里，有一个女人拿着一瓶极贵的香膏来，趁耶稣坐席的时候，浇在他的头上。门徒看见就很不喜悦，说：“何用这样的枉费呢！这香膏可以卖许多钱周济穷人。”耶稣看出他们的意思，就说：“为什么难为这女人呢？她在我身上作的是一件美事。因为常有穷人和你们同在，只是你们不常有我。她将这香膏浇在我身上，是为我安葬作的。我实在告诉你们：普天之下，无论在什么地方传这福音，也要述说这女人所行的，作个纪念。”（《马太福音》第26章6至13节）

马可与约翰也记载了类似的事件。约翰认出这个女人就是伯大尼城的玛利亚（Mary），是马大（Martha）和拉撒路（Lazarus）的姐妹，与耶稣是亲戚。在圣约翰的叙述里，犹大扮演了道德主义者的角色，他盘问道：“这香膏为什么不卖三十两银子周济穷人呢？”（《约翰福音》第12章5节）据研究指出，三十两银子在当时等于一个工人一年的工资，算是一大笔钱了。在道德主义者的眼中，这种“浪费”行为简直是太淫靡了，因此才有门徒表现出“合乎道德”的愤怒。

这里有一件很滑稽的事。门徒提出了严厉的控诉：他责备这女人没有道德上的责任感，也责备了耶稣对她的赞扬。耶稣为这女人与自己提出的辩护显得很微弱：“她在我身上做的是一件美事。”要想了解这种不协调的现象，我们就应该记得，耶稣是位艺术家而不是道德家。艺术比道德更重要，只有艺术才能带来真正的善（goodness）。真正的艺术只是单纯的“游戏”，它没有目的，也没有自我意识；相反，道德却是“严肃”或“神圣”的。这种严肃引起了“我执”，这就是为什么我们会看到那么多伪善的道德家的缘故。耶稣这位生活的艺术家认定玛利亚做的事是对的，他就像一位高明的禅师，可以直接看进玛利亚的内心：她只不过是自然流露她的内心之美，所以不该被阻止。因此，耶稣以感激的心接受了她的馈赠。

“常有穷人和你们同在，只是你们不常有我。”这是耶稣诗集中一句优美的诗句，它的精神意涵不容忽视。“穷人”在这里指的是心灵的贫乏，是灵魂无法自然表达自己的一种无能。这个“我”指的是生命中那珍贵而稀有的时刻——让爱单纯地流露出来的时刻。正因为稀有，所以更应该被珍惜而不是被压抑。

耶稣这位艺术家能够立刻认出一颗珍宝来。当他的门徒专注于这件事的社会与经济意义时，耶稣却注意到它在心灵上的意义。因此他说：“普天之下，无论在什么地方传这福音，也要述说这女人所行的，作个纪念。”他的结论是，这个行为不仅不该被鄙视，还应该被视为不朽，因为只有在真爱流露的那一刻，天国才会显现！

道德家所犯的错误是为艺术与爱标上了价码。事实上，香膏可以卖到三十多两银子这件事并不是重点。爱是一种艺术，跟功利主义无关。艺术应该只为艺术而作，它是一种道家所说的“无为”状态，而不是用来达到任何目的的工具。真正的艺术是“无用”的，这种无用（无目的）的本质使它免于被腐败的自我所影响。当我们赋予爱一种使用价值时，我们就贬低了爱。玛利亚只是抓住机会奉献出了爱，这是她所能献出的最珍贵的东西。她没有任何算计。

这个故事也展现了耶稣的幽默。试想如果用现代的话语来描述这则故事会如何。想象一下，某天早晨起床时你看到头条新闻说：“一个女人花了三万美元买了一瓶香水来洗她爱人的脚。”何等的虚荣！何等的浪费！何等的愚蠢！整个事件带着一股庸俗愚昧的气息，但耶稣却要门徒纪念这件事。

就是因为这些因素，耶稣才愿意荣耀她。让我们面对一个事实：这个女人并不在乎虚荣。因为耶稣一向主张：“在前的，将要在后；在后的，将要在前。”所以他才会荣耀她。从一般常识来看，这种浪费金钱的态度并不值得称赞，还不如去救济贫穷好些。这个行为表现出了爱的平凡及愚痴，但耶稣却以慧眼看到这“庸俗”里的美。对他而言，这个平凡的女人从未想要赢得赞赏或美誉，她只是将全部的爱都奉献了出来，这种行为比形式主义者以宗教为名极力想变成道德超级英雄更值得赞赏。耶稣喜欢“平常”，而不喜欢英雄主义，因为后者经常只是变相的自我主义罢了。真正的灵性跟道德的倡导没什么关系，却与“平常”及感觉的自然流露息息相关。

最后要提的是，这则故事也彰显了活在当下的重要，而这正是禅所要提供的主要讯息之一。耶稣说：“她将这香膏浇在我身上是为我安葬做的。”活得美妙的秘诀，就是将每一天当作生命的最后一天，唯有如此你才会珍惜每一刻。

我们一旦学会用心聆听耶稣，就会发现他真正的教诲和别人对他教导的诠释，是截然不同的两回事。对我们来说，最重要的是将传统的包袱与偏见放在一边，以一颗“初心”重新开始。以这种方式读福音篇，对我而言是既愉快又丰富的经验，希望你们也能试试看。

第二章　禅是什么？I 生活的艺术

我的轭是容易的，我的担子是轻省的。

——耶稣

平常心即是道。

——南泉

当禅师是一份艰难的工作，事实上，这可能是世上最困难的工作了。木匠、舞者或医生很容易就能解释清楚自己是如何谋生的，但禅师却只能教禅而不能说什么是禅。教禅必备的条件之一就是一种“神圣的荒诞性”。

耶稣这位最伟大的禅师也不例外。当时一群人随着他上山，静待着一场惊天动地的训诫，耶稣却要他们观察飞鸟，注意百合花。他把大部分的宣说让给了自然，他自己只在少许的地方稍作解释。禅师很了解话说多了的危险。还有，我们可别忘了，神是最会恶作剧的禅师。摩西坚持请神说出自己的名字，神却宣称他的名字是“我是”（I AM）。弗洛姆（Erich Fromm）这位著名的心理学家在翻译神的这句话时，将其译为“我的名就是无名”，真可说是正中其意。

禅乃是生活艺术

生命中最基本与最重要的事往往很难说得清楚。禅便是其中之一；其他如质量、美与真理也是如此。它们都有无法用理性去分析的倾向，如同生物学家无法借由解剖而找到生命，艺术家无法经由分析而找到美。

要解答“禅是什么”，也一样难以说明。我们的智力为禅下定义的能力，不会强过为“白色”或“清凉”下定义。我们很快会明白难就难在，这些都是一种直接的体验，它们属于右脑管辖的范围，因此有不受左脑管理的倾向。右脑如同艺术家，它是以非语言的、观察的、直觉的、空间性的、按照具体的模式在运作的；反之，左脑则如同科学家，它是以语言的、线形的、分析的、逻辑的、符号的方式在运作的。科学家也许可以从温度计上测出“清凉”的温度，但不论这度数多么准确，还是无法捕捉夏日的微风有多么怡人。

Zen 这个字就是中文“禅”字的日文版，而禅这个字又出自梵语的“禅那”（dhyana），原意为冥想。但是我们逐渐会发现，把禅定义为冥想是一大错误。如同禅学家铃木大拙（D.T. Suzuki）所指出的，禅的意义比冥想或禅那的原意要丰富得多。

虽然禅文化对美国而言还是新鲜的事，但“禅”这个字很快便成了家喻户晓的名词。虽然如此，却只有少数人能了解它的真意。有些人把它当成是一种宗教，有些人则以为它是一种哲学，但这两种描述都不对。禅并不符合一般宗教的规定，因为它没有信仰及崇拜的对象，也缺乏礼拜仪式、形式及教理。同样的，禅也不符合一般哲学上的定义，因为它对于把智力和语言当成传达真理的工具，有一种根本上的不信任。

与其把禅当成是宗教或哲学，还不如将它视为一种智慧的涵养——一种对真相的敏感度，一种以艺术途径去面对人生的涵养。许多人对我说过，禅的艺术及工艺品特别优雅而有韵味。禅与美之间的关联并不是偶然的，因为它在优雅之中隐含了对细节的微观，同时也反映出了对手中作品的认真与尊崇。

显然，不留心就不会产生艺术。从这个角度来看，我们可以把禅视为一种认真而细心的文化，它使得美与质量成为可能。这种文化的重要性，远超稀有的灵修方式与精美艺术的范畴，具有极大的实用价值。我深信“禅境”（Zen state of mind）很能解释为什么日本的商品在市场上会成功，因为禅意味着对卓越的承诺，而这正是品质保证的关键所在。

禅是佛道结合的产物

虽然禅的意境是每个人都具有的潜力，但简单介绍一下禅在亚洲发展的过程，还是会对大家有帮助。因为亚洲是禅发展到极致的区域，已经变成了一种文化运动，影响力渗透到社会各个阶层，上至王公贵族，下至贩夫走卒。

禅化运动的起源可以追溯到公元520年左右，当时那位面目狰狞的印度圣者——禅宗始祖菩提达摩来到了中国。虽然佛教在耶稣的时代（公元65年前后）已经传入中国，但达摩东来仍然具有特殊意义，因为他带来了一种精神修持的独特方法。他看清了文字、观念和思想的局限性，而创新地运用了寂静的威力。如同禅者所言，禅是一种“教外别传”的方法。

从历史的角度来看，了解禅是佛道结合而成的产物，是极为重要的一件事。禅汲取了世界两大文明古国——中国与印度——的文化精髓与丰美的内涵。在后期的发展中，禅又融合了日本文化的特质与风格。如此一来，印度的精华、中国的精华以及日本的精华，全都献给了“禅化运动”。禅在哲学架构上承接了佛家的中观学派，但是它的活力、幽默、美与整全的作风，却来自道家。最后一个元素（整全性），使得禅脱离了其他精神传承而独树一格，在整部人类史上，我们从未见过像禅这样能将圣洁与庸俗完美地整合在一起的方法，也从未看过像禅一样能将精神与物质之间的鸿沟用艺术形式来衔接的奇迹。如同布里斯所观察到的，“当圣洁与污秽真正平等时，我们就有禅意了”。

禅是中国人心灵的产物。但首先我们要了解，中国人是非常务实的一个民族。一般说来，中国人不像西方人具有一种超越世俗的理想，他们也不特别提出形而上的问题。曾经有人问孔子关于死后的事，他的回答是：“不知生，焉知死。”这个答法是中国人典型的一种想法：它不是推测性的，而是实用的，它有一种实事求是的生命态度。它并不特别关切世界是否有一个造物主，来生是否存在，或者有没有一个超自然的存有在运作世间的事。禅主要注重的也是眼前的生活质量，因为我们永远活在当下的世界里。

西方观念里的宗教在传统的中国从未出现过。当然，一般的老百姓还是会去寺庙走动，但是他们去寺庙通常都有实际的目的——预卜未来，祈求身体早日康复，祈祷事事都能成功，等等。中国民间宗教的神祇至少超过两百个，但这并没有让中国人变得更富有宗教情操，因为这些神祇是用来服务人类的，而不是让人臣服于下的一种超然的存在。如同神学家汉斯·昆（Hans Kung）所观察到的，中国的民间宗教是一种纯功利主义式的信仰。

禅即是诗

即使到晚近，靠一个超然的存有（神）为存在带来现成的解答，把救世主当成最后的依归，对中国人来说还是完全陌生的一件事。中国人在人生旅途中也有怀疑、恐惧、悲伤或无助的时刻，西方人在这种时刻通常会向神求援，中国人却不会，他们的苦无法靠这种药方来解除。由于缺乏一个至高无上的问题化解者——神，中国人学会了将他们的晦暗时刻转为心灵创作的机会，将存在焦虑（angst）转化为诗与歌。

所以，情感的抒发就是中国人用来取代宗教的另类途径。要了解这个途径，最好借助西方的崔斯坦与伊索德（Tristan and Isolde）的传奇故事。作家与心理治疗师托马斯·摩尔（Thomas Moore）采用了故事里的一段情节，来描写这种抒发情感的途径："只携带着竖琴，崔斯坦驾着一艘无桨也无舵的小船航向了爱尔兰，这是一种乔瑟夫·坎伯（Joseph Campbell）所谓的随缘认命、以天籁为依归的精神。"这故事的美就在于崔斯坦的逍遥自在：他不是一个强调安全与掌控的神经质文化的受害者。

比什么都重要的是，禅用一种充满深情（soulfulness）的态度去面对人生，它能使人保持开放的心胸，维持易感的心性，而不拿神作后盾，也不企图逃避生命根本的不安全与不可意料，更不想揭开生命之谜。因为这类企图不但不真实，而且是对心灵的一种诅咒。生活是必须去克服的，不是去找一个强大的盟友（神），我们必须激发灵魂的潜能，将严酷的现实转化为诗。因此，中国人的传统精神往往借由诗而展现出来。由于缺乏宗教上的解答，中国人的心灵因而变得更辉煌了，如同学者林语堂所说：

> 虽然宗教对人生的问题已经有了现成的答案，也提供了心灵上的宁静，但是却减损了生命永恒的谜以及人生的巨大创痛，而这便是所谓的诗。基督教的乐观主义抹杀了所有的诗意。然而一个异教徒的人生问题是没有现成答案的，他的生命之谜永远没有被解答，也永远无法解答，因此他无可避免地被一种泛神的诗意所吸引。事实上，诗已经取代了宗教的作用，它在中国人的生命体系中既是灵性的启蒙，也是情感生活的依归。

以诗代替宗教的概念并不难理解，在传统宗教衰微之后的余波里，美国也走到了相同的十字路口。事实上，这正是现代文学评论家哈罗德·布鲁姆终生尝试去做的事。《纽约时报杂志》在 1994 年 9 月 25 日出刊的杂志上，对布鲁姆的一生做了一次特别报道，那时他刚出版了一本重要的著作《西方正典》（*The Western Canon*）。如《哈佛学报》执行编辑琳西·华特丝（Linsay Waters）所言："布鲁姆一直在问，如果美国人不认同组织化宗教的话，他们能有什么样的精神生活？"华特丝说，布鲁姆评论的目的就是要"激励我们活出非宗教性的精神生活"。简而言之，禅是生活的诗意化，也是人类心灵的活泼展现，它没有组织化宗教的虚礼及表面工作。布里斯说过："禅即是诗，诗即是禅。”因此，它永远是清新、真挚、富有个人色彩的。禅是一种特殊的传统，在里面找不到臣服及兽群意识，因为任何一种艺术形态都需要创意。有别于一些已经商品化的精神产物，禅要我们在这毫不让步而又粗鄙的现实生活里，觅得内在的美与意义。

禅是一种心灵文化

禅的许多特质，包括洞察力、趣味及艺术性，都可以追溯到庄子，这位中国伟大的哲学家、文学天才和生活艺术大师。托马斯·默顿（Thomas Merton）对禅的家谱作了以下的观察：

> 毫无疑问，庄子所代表的思想与文化，将纯理论的印度佛教转化为幽默的、打破偶像的、完全实用的中国佛教和日本佛教，并因而延伸出各种禅的门派，禅启发了庄子，庄子也启发了禅。

在整个禅的传统里，我们可以感觉到庄子幽默、务实的精神以及反制的情怀。禅受道家影响的另外一个源头是老子，他将他对精神领域的观察结集在言简意赅的《道德经》里。禅语中最普通的一个字“道”，就源自这部道家经典。这个字有多重意义，可以解作方法、真理或是终极实相。值得特别注意的是，它是中文字义上最接近基督教观念里的“神”的字眼。事实上，中文版的《约翰福音》就是以令人惊讶的字句开场的：

太初有道，道与神同在，道就是神。(《约翰福音》第1章1节)

甚至今天，中国基督教的传教士仍然以“讲道”代替“传教”。我把“道”与“神”视为同义字，并且经常交互使用。这两者都反映出人类想要为那无以名之的东西命名的企图。其他还有很多道家的用语被禅师所借用，包括无为、自发、无用之用、真人和阴阳等，这些我们都会在适当的时候加以介绍。

禅接近于道家多过佛家，接近于中国和日本文化多过印度文化。事实上，早在六祖慧能（638—713年）的时代，伴随达摩祖师东来的佛教已经融入了中国文化。印度佛教的出世精神此时已消失得无影无踪。慧能的信念是，一个人既可以富有精神性，也可以很世俗，挑水砍柴如同读经一样也是修行。

慧能的看法是，修行如果无法落实到日常生活，就不配称为修行。为了不受修行人的英雄主义与理想主义的诱惑，慧能本着大乘佛法的精神，提倡消除所有的分别意识。因此他说涅槃即当下，烦恼即菩提，圣人即凡夫。依慧能的看法，真正的修行就是一种修习“平常心”的苦行——活在每一个当下而不标新立异。任何一个想让自己与众不同的念头，都是对我执的邀约。将禅视为一种实际的生活艺术，不论贵贱都可修习，这种特质在慧能的时代就已经确立了，从此精神修为不再是寺庙的特赏，而变成了平民百姓的共同资产与文化。

禅与纯艺术的比较

在本小节有一张禅与艺术的对照表。其中的创造性是二者共有的特质。创造性指的是没有固定形式，却有即席创作的需求与原创性。每过一阵子，跟我习禅的学生就会要我给他们一些比较具体而详尽的禅修方法，这反映出了一个基本的误解。其实禅是无径可循的。

习禅常见的一个误解，就是认为有一套体系可以遵循。坐禅（Zazen）几乎已经变成禅的表征了；其实系统与形式正是慧能激烈反对的东西，因为它们会引发虚饰，又压抑创造力。慧能的重要成就之一便是对整个“禅那”的观念做了改革，使其回复到佛陀原本所倡导的智慧涵养上。

在慧能之前有关禅修最重要的概念就是，它是一种寂静主义的形式：修行者必须经由止念来净化他的心，使他内在世界的尘埃落定。这种想法的陷阱是，修行者可能会对纯净的概念产生执着，而把禅修变成另一种制约模式，进而导致感官上的钝化。慧能将这个谋杀心灵的走向扭转过来，他宣称真正的禅修与静坐或止念都无关，它既不系于一念，也不执着于净心，更不去强调如如不动的概念。根据慧能所言，真实的修行乃是“不执一法”。因为真正的禅修乃是一种创造力的展现，而不是执着。

修练是禅经常被误解的另一种观念。字典里对修练的注释之一是：由服从或规范所获得的自制。不幸的是，这个观念实质上与处罚没什么两样。

禅的修练与控制、服从、规定或处罚都无关，它也不是借由意志而展现出的竞争力。反之，它与培养觉知及敏感度有关，这在学习任何一种艺术上都是非常重要的事。

最重要的是，禅的修练指的就是对当下真相的全然开放，并且有能力完全融入眼前的活动。这种开放性显示出一种活泼而流畅的伸缩性，它与僵化的心性完全相反。禅的修练就是不执着。它绝不是顽固地去服从一套规定。

禅与艺术的对照表

禅	艺术
当下	看 / 听 / 感觉 / 品尝
平常中的奇迹	转化力
乐趣 / 热力四射 / 喜悦	活力 / 爱嬉戏 / 有趣
洞悉力	深度
无为	不费力 / 无目标 / 无用
温和	轻松 / 优雅 / 有效率
自由	天真 / 巧妙的朴拙 / 自在
简单	简单
悖论	两极的统一 / 富诗意的含糊性
无心	右脑定向 / 非知性的
内在的探索	自我发现 / 自我表达 / 深情
创造性	创造性
个体性	性格
无轨则	无制度或程序
中道	平衡 / 和谐
开放	开放

自发性	自发性
无道德性	无评断性
品质	美/好品味
真诚	真诚
纪律	纪律
专注/融入/无我	专注/融入/忘我

耶稣的禅语

追根究底，禅是没有一定形式的。它不告诉我们要做什么，它关切的是如何去做眼前的事。美术老师要一群孩子画蝴蝶，每个孩子都会依照自己的方式去画。有些人画的蝴蝶可能没有脚，有些则可能多出一双脚来。其实并没有一个“正确”的蝴蝶画法。画的品质好坏并不在于孩子是否画对了蝴蝶有几双脚，而在于孩子对手中的事物所表达出的真诚感受。

许多人看不到禅与耶稣的教导之间有何关联，但是与铃木大拙并列为当代禅师的布里斯，却有一些惊人之语。以下是他对禅、基督教与佛教之关系的看法：

> 从某些方面来看，基督教比佛教更富有禅意。我们确定英国文学里的禅意，远甚于日本和中国文学。可悲的是，在印度文学中，禅根本就不存在了。禅可以说是基督教与佛教的极简化，前者被情感主义及神学主义弄糟了，后者则与道德及或多或少的科学性哲学纠缠不清。

我们只需要听听耶稣说话的方式就够了，他的禅风是非常明显的。某些佛教哲人的教诲时常紧抓着抽象与深奥的形而上学不放，耶稣的教诲却是富有诗意而非卖弄的，简单而不费力的，直觉而非分析性的，幽默而不枯燥的。

最能显示耶稣是禅师也是艺术家的部分就是，他经常把孩子当作“道”的楷模。传统主义者与道德家总是要求我们“长大”，耶稣却说“变成像小孩子一样”，像孩子一般大胆、单纯、率直、开放及自在，永远是艺术的主要元素。其实艺术家就是要像孩子一样！毕加索对这一点有很深的了解，他说：“我可以画得像拉斐尔一般，可是我却花了一辈子的时间去学孩子画图。”

禅是无法解释的，它只能被“显现”出来，教禅最简单的方法就是用例子来解说。最好的一堂禅课是由释迦牟尼佛所教导的，也就是传说中的“拈花微笑的开示”。以下是我改译的这段绝妙的开示：

> 某日佛陀准备对一千五百位比丘及比丘尼说法。佛陀走到大众面前向他们问讯，其中有人供养了他一枝花。佛陀拈起花来以示大众，他许久都没说一句话。这是极不寻常的事，因为佛陀一般都是能言善道的。过了一会儿，会众开始躁动不安。
>
> 有人怀疑：“师父大概老了，忘了要说什么了。”还有一些人则认为：“师父一定是想说些什么高深的道理。我得努力想一想那是什么！”在会众之中只有一个弟子大迦叶一直保持冷静。他似乎已经有所领会，于是面带微笑地看着佛陀。佛陀见状不禁大喜，便转头对会众说：

“我已经有了一份珍贵的洞见及至乐之心。终极实相是无形无相的，而我已经找到一种表达的方式了。这个方式不必靠文字。其实我的教诲并没有学生的自我领悟重要。我现在要将此法传给大迦叶。”

你们了解其中的意思了吗？在我们详细探讨这个开示之前，我想引用登山宝训中的一节文字，我认为它跟“拈花微笑的开示”有异曲同工之效。这也是耶稣教诲中最美最富诗意的一节，我们称之为“自然的启示”：

何必为衣裳忧虑呢？你想:野地里的百合花怎么长起来；它也不劳苦，也不纺线；然而我告诉你们：就是所罗门极荣华的时候，他所穿戴的还不如这花一朵呢！你们这小信的人哪！野地里的草今天还在，明天就丢在炉里，神还给它这样的妆饰，何况你们呢！所以，不要忧虑说:“吃什么？喝什么？穿什么？”这都是外邦人所求的。你们需用的这一切东西，你们的天父是知道的。你们要先求他的国和他的义，这些东西都要加给你们了。所以，不要为明天忧虑，因为明天自有明天的忧虑；一天的难处一天当就够了。(《马太福音》第 6 章 28 至 34 节）

它们的相似之处在哪里呢？对初学者而言，两位老师都只是要求他们去看及留意。艺术与看有很深的关系。当一个艺术家，必须对事物敏感。毕加索曾经说过:“我为别人而看。”随时注意周遭就是禅的重点，对一切的艺术而言也是如此。当佛陀拈花示众时，他的目的就是要大家注意这枝花。同样的，当耶稣说“你想野地里的百合花怎么长起来”，他也是要观众注意他们眼前的事物。

禅的基本元素

“当下”是禅最重要的元素。当下代表的是一个人对自己内心状况与外在环境的觉知。南传佛教是泰国、锡兰、柬埔寨、越南及缅甸的主流佛教，在它的传统中称这种能力为念（Sati）或念住（mindfullness 或译“觉察”）。念住毫无疑问是这个传承中最重要的修行。佛陀讲的《念处经》（*Satipatthana-sutta*）就是在探讨这个议题，这部经与心的锻炼有关，其中有一节如下：

> ……比丘全神贯注于向前走或向后走；往前看或往别处看；身体弯曲或伸直；穿僧袍或手托钵；吃、喝、嚼、品尝；如厕；走路，站立；睡着，醒着；说话或沉默。对这一切，他皆能全神贯注。

因此，南传佛教的和尚对日常生活的每个层面都如此留意着。佛教徒相信开悟的种子是播在清醒的生活方式之上的。

“拈花微笑的开示”便是解说念住最重要的一则故事。为什么会众之中唯独大迦叶一人可以了解佛陀的旨意？答案非常简单：大多数的人都没有活在当下。我们有一种不活在当下的倾向。当佛陀拈花示众时，他只是单纯地要他们看看它的美，闻一闻它的香气。这已经够直截了当了，却只有大迦叶领会了其中的真谛！其他人没有领会到，是因为他们只顾着猜疑、思索及忧虑了。由于没活在当下，所以他们无法欣赏当下的美。不幸的是，这正是我们无时无刻不在做的事。

无论是什么种族或文化体系，“当下”都可以说是一切修行的基础。当下是耶稣一而再、再而三反复强调的事。在福音中处处可见耶稣以这样的话开头：“注意！”“看！”“听并去了解”……从这个角度来看，耶稣的教导在精神上与佛陀极为接近，毕竟佛教的目的原本就是要培养觉知。举个例子，“佛”这个字的意思就是“觉醒的人”；同样的，耶稣在《约翰福音》里也被称为“世界的光”。在登山宝训中，耶稣提醒他的弟子们觉知的重要：

> 眼睛就是身上的灯。你的眼睛若瞭亮，全身就光明；你的眼睛若昏花，全身就黑暗。你里头的光若黑暗了，那黑暗是何等大呢！（《马太福音》第 6 章 22 至 23 节）

眼睛如果坏了，自然无法看清真相与美。耶稣很清楚地告诉我们觉知是灵修不可或缺的条件。

为了强调这一点，耶稣特别拿田野里的百合做比喻。毫无疑问，耶稣是在讲述一个全人类的基本问题——我们的不安全感。他是对跟我们一样在经历生存焦虑的人说话。其实那部分的开示是这样展开的：“所以我告诉你们，不要为生命忧虑吃什么，喝什么，为身体忧虑穿什么。”（《马太福音》第 6 章 25 节）他要求群众看天上的飞鸟之后，又要他们想一想野地里的百合，他好像在说：“放下你们眼前的一切。你们可以向大自然学到重要的功课。除非你们放下一切，真的去聆听她，否则你们是得不到什么的。”所以，就像佛陀在“拈花微笑的开示”中所做的一样，耶稣也在解释“寂静的威力”。

除非我们学会了寂静的艺术，否则我们是无法开显出当下的。寂静需要深度的放松，需要放下一切事务，包括物质上及心理上的。我们大多数时候都被自己的忧虑、恐惧、思想所纠扰，而这些忧虑、恐惧与思想所造成的纠扰，就是阻碍我们享受当下的原因。在“拈花微笑的开示”里，会众之中有许多人都忙着猜测佛陀到底是什么意思，所以无法安静下来。同样的，耶稣在“自然的启示”中也注意到大多数人都被忧虑所扰。问题是，除非我们放松自己，否则我们是看不见真相的。

禅的第二个重要元素是“平常”。在“拈花微笑的开示”与“自然的启示”中，两位老师都是用普通及自然的事物当作教学工具。佛陀只是拈起了一枝花;而耶稣也没有说:“每个人注意啊，我要给你们看一个伟大的神迹！”他只是单纯地将他的观众引领到十分平常的事物之上，也就是天空的飞鸟与野地里的百合。但是一个重要的心灵课程却经由这么朴实的事物而得以传授。这种将平常与熟悉的事物转化为美好教诲的能力，无疑是一种艺术的特质。

在前言部分我们讨论过“平常中的奇迹”这个概念，我特别要强调“平常”这个形容词。不寻常的事与奇迹在基督教里早已被过分宣扬，某些基督徒甚至认为他们的信心就是建立在那些异常或超自然的事迹之上的。然而特别要注意的是，这种对超自然或异常现象的迷恋，与耶稣的教诲正好背道而驰。当时法利赛人及经学教师到耶稣那里求见异象，耶稣拒绝了他们（《马太福音》

第 12 章 31 节；第 16 章 1 至 4 节）。他拒绝用这种方式寻求灵性。追求异象、奇迹及神通的危险是，它们多半会被滥用或误解。福音上记载耶稣曾经用神通治病，不过我们应该注意他是出于慈悲心，而不是为了炫耀自己、要别人信服或是教导灵修。况且，这世界早已充斥着用信心治病的人和灵媒，其中有真也有假。仅仅显示神通并没有什么意义。

许多基督教徒过分强调耶稣的超自然能力，他们声称他有能力行使一切超人的法力，包括让死人复活。我并不是在质疑这些说法，我认为重点并不在于他行使神迹这件事，而是假设他真的做了这么多神奇的事，是否会对他周遭的人产生某种影响。这些伟迹只是制造了一些轰动，还是令这些人的生命因此而改观，从此步入了内在的宁静与喜乐？

许多人认为耶稣是行使神迹者，却很少有人知道他是一位艺术家及"平常中见奇迹"的大师。约翰·维尔伍德（John Welwood）是一位作家及心理学家，他为我们提供了以下洞见：

> 当我用"奇迹"这个字眼时，我指的是内心对存在的神奇性有一种特别的领悟。我们故而知道生命比我们一般所认知的还要丰富得多；我们不需要受家庭、社会或是我们自己的惯性想法的限制；生命包涵了许多的层次、深度、质地及意义，是超乎我们平常所熟悉的信仰与观念的。

禅之所以被称为"平常中的奇迹"有两个原因。第一，它以自然而平常的事物来诱发学生灵性上的觉醒。在禅的传统中从来没有超自然的力量。第二，也是更重要的一点，禅引导我们去注意平常中的奇迹。我们周遭的俗世里隐藏着另一种层次的美、富足与和谐，只是我们很少去注意罢了。禅试着去刺激我们对这些自然的奇迹产生感觉，这么做可以使我们每天都生活得愉快。

艺术就是一种“平常中的奇迹”。譬如说，摄影艺术的题材通常只是一些生活中最平凡不过的东西——一栋破旧的房子、一扇窗子、吊衣绳上的一条床单。但由于摄影师的率真，他所选择的视野、光线、质感、距离及对比，将这些平凡的事物转成了奇迹。作家黛若丝·布兰德（Dorothea Brande）观察到：

> 天才作家终其一生都保有孩子般的自发性以及对眼前事物的敏感度。“纯真的眼睛”对画家有无限的意义，它能对新的景色产生清新而快捷的反应，对旧的景物也感知如新；它看到的无论是什么东西，都好像是刚刚出自神的手一般，而不是毫不讶异地将它们分门别类归档储存；它对各种情况的感觉是如此亲切及强烈，“陈腐”这两个字对它毫无意义，而且它永远能看到“事物与事物间的相关性”。亚里士多德在两千多年前就说过同样的话。

黛若丝·布兰德所说的“纯真的眼睛”与我们前面讨论的“初心”同等意思。禅是“看”的艺术。就像其他艺术一样，平常中的奇迹并不是要去改变外在的世界，而是用另一个角度去看眼前这个世界。若说禅有任何目的，那就是开悟（satori）。铃木大拙是美国禅的先驱之一，他将开悟定义为获得一种新的观点。在禅与其他的艺术中，就是这“初心”使人看任何东西都是新鲜的、奇妙的。

事实上，耶稣“平常中的奇迹”的威力远比他的神迹更强、更有效。法利赛人及经学教师应该看见过耶稣行使的神迹，可是他们仍然把他钉上了十字架。虽然如此，他那“平常中的奇迹”还是为那些愿意聆听的人带来了正面与恒久的影响。譬如在“自然的启示”中，耶稣透过“空中的飞鸟”以及“野地里的百合”来教导当下的宁静。尽管这些都是很平常的事物，耶稣仍然可以透过它们来造成巨大的影响，因为他用这些事物唤起了听者内在的某种深妙的东西。

总而言之，透过平凡与尘俗来教导灵修乃是禅的特色。西方人却难以接受这一点，因为他们习以为常地在灵性与世俗之间划下了一道清楚的界线。没有界线正是禅特别有趣与富有诗意的地方。铃木大拙曾经说过：

> 禅往往显现在街边那最不起眼的平凡人的生活上，它使人在平实的生活里见到了生命的真谛。禅有系统地训练心去看这些事物，它使人从日常每一时每一刻的作息中见到了最深的奥秘；它拓展了人的胸怀，让心在每一个脉动之间去迎接永恒的时间及无垠的空间；它使我们活在世间犹如漫步于伊甸园。然而这些灵性上的功业不是依教条而达成的，我们必须直观到隐藏于内心的真相，才能有所成就。

禅的第三个重要元素是乐趣（zest），它与当下有着不可分的关系。禅是艺术，艺术必须有趣。那些不会玩的人将逐渐失去生命中的乐趣。我们观察到，尽管现代社会物质充裕，现代人却越来越忧郁。到底出了什么问题？为什么我们这个高度发展、愈趋复杂的文化，会令我们失去生活中的乐趣？难道我们不该因社会进步而快乐吗？

但是我们也不必太沮丧，因为发生在社会层面的事，一定会影响到个人。我们从孩童长大成人的过程中，一定会失去一些生命的乐趣。我有两个年幼的孩子，他们充沛的精力时常令我惊讶不已。他们充满了活力！我的体能连他们的一半都不如。我想年纪与生理情况必然有关，不过我很确定这只是原因之一，最大的不同应该是心理状态。

耶稣对孩子的爱是众所皆知的，这反映出了他对心理与灵性之间的关系的洞察。他说天国是属于孩子的（《马可福音》第 10 章 14 节）。他又说，除非我们回过头来变成孩子，否则永远进不了神的国（《马太福音》第 18 章 3 节）。变成孩子是进入天国唯一的条件！这一点也不稀奇，因为孩子就是伟大的生活艺术家。当我们看着孩子们与周遭环境互动时，我们会觉得很愉快，因为他们拥有奇特的能力，他们懂得惊叹，懂得嬉戏，他们能欣赏事物的美与神奇，他们充满着喜悦与自在。不幸的是，我们长大之后反而失去了这些能力。

为什么我们年纪越长，生命就变得越沉闷而缺少欢乐？要回答这个问题，必须先了解我们的文化、成长的方式及消费经济这三者之间的关系。我们必须认清这个社会是如何在支配着我们，使我们变得不快乐的。另外还有一个比较简单的答案：我们之所以会失去生活的乐趣，是因为我们的觉知力随着成长而退化了，我执反而增加了。

年幼的孩子比较不执着。不像大人，他们还没有被社会塑造成将自己局限于某种思想、意见、价值或特定的做事方法。因此他们比较富创意，同时也能在简单中自得其乐。他们可以把任何一样东西变成玩具。每个孩子都是魔法师。经由想象力的魔法，孩子们可以立刻将扫帚变成玩具马。但是我们长大之后，对事物的迷恋与执着也跟着增长，这种倾向使我们忧愁、焦虑、欲求不满及愤怒，并且使我们的觉察力与创造力受损。我小的时候早晨一定会经过一家面包店，我很喜欢那种面包刚出炉的香味。但是我在很早以前就失去了这份能力，而且再也不去理会它，直到我发现了禅。当我们的心被世间各式各样的担忧与烦恼阻塞时，就很难享受生活中简单的乐趣了。

禅的第四个重要元素是“洞见”，它是跟觉察力一同出现的。若是没有洞见，就不可能有平常中的奇迹。那是一种深入观察事物本质的能力。欣赏幽默与诗显然是需要洞见的。开悟往往来自于一种“啊哈！”的体验，其中总是有喜悦以及伴随着笑话而来的欢乐。没有洞见就没有艺术。艺术家最重要的条件就是辨识的能力（可以看到平常的事物以外的东西）。画家保罗·克利（Paul Klee）的观察是：“艺术家不复制可见的事物，他只是让它们变得显眼一点。”

耶稣一向坚持解脱（liberation）就是一种灵性上的洞见。在达到“灵性上的洞见”的过程里，耶稣很清楚地宣说了一件最重要的事：“真理必叫你们得以自由。”（《约翰福音》第 8 章 32 节）事实上，福音不断地提到以下这些字眼，譬如真理、光、眼、耳及盲目，我们很难理解教会为何到目前为止还未了悟解脱是基于洞见而非信仰。耶稣曾经赞美他的门徒，因为他们在灵性上有了洞见与理解：“但你们的眼睛是有福的，因为看见了；你们的耳朵也是有福的，因为听见了。”（《马太福音》第 13 章 16 节）他看见人们在灵性上会出问题，是因为缺乏洞见与觉知。

注意耶稣如何区分这“看”（looking）与“见”（seeing）。“看”只是表面上的，而“见”却需要深度。若无深刻的洞见，真正的灵性是不可能发生的。在“自然的启示”中耶稣昭示群众，内在的宁静可以经由对事物本质的洞察而发展出来。他提供了我们三个要点：

第一，飞鸟不担心粮食，百合不为衣着操心，事物一向运作得好极了，我们又何须介入与担忧。飞鸟与百合只是单纯地“信赖神”。（这当然是一种诗的表达方式。因为飞鸟与百合不能思想，所以这不过是一种对愿意臣服于神的人的隐喻。）

第二，人生中有许多重要的事不是我们控制得了的。身而为人有很大的局限，我们应该体认到这一点。耶稣曾经以雄辩家的姿态问道：“你们哪一个能用思虑使寿数多加一刻呢？”（《马太福音》第6章27节）这是生命的一个重要的事实。我们如此珍惜的生命却不在我们的掌控中。接受这事实，可以使我们的心平静下来，否认它必将导致忧虑及挫败。

第三，我们不必担忧明天，眼前已经有足够的事要做了。耶稣劝导我们：“一天的难处一天当就够了。”担心未来只是一种自我打击，因为那会使我们眼前的工作更难完成。

耶稣在“自然的启示”中教导了洞见的重要。伴随着喜乐、宁静与自由的灵修，只是一种见而不是信仰。我们若有所“见”，就不需要争辩、信心或说服了。所以，我们首先要如实见到真相。诺贝尔文学奖得主加缪曾经说过：“人永远是他自己的真相的牺牲品。一旦认出它们，他就无法脱身了。他必须为此付出代价。”

但好处是，体认到真相虽然对我们产生了束缚，不过也同时去除了我们的焦躁，使我们得以解脱。让我再次引用“自然的启示”，总想控制一切或防堵无常的人是很悲哀的，因为他们就是在跟自然抗争。反之，接受无常是不可避免的人却能活在安详的生活中。从飞鸟与百合的身上，我们可以学到很多东西。

许多人将耶稣“自然的启示”诠释为神的眷顾。根据这种诠释，一个人内心的平静必须建立在相信神会永远供给一切。如果是这样的话，这种平静显然是建筑在未来的信念而非当下的洞见之上的，因为并没有什么具体的证据可以证实神真的会供给一切。另外一个问题则是，那些不停地期待神供给一切的人，同时也会期待神能照顾他们的私事。他们把自己看得比神还重要。

但是在某一个章节中，耶稣却要我们“先求神的国和他的义”，意思就是将神放在第一位。其实他的意思是，只要我们如此去做，其他的一切自然会水到渠成。他的立论很明显：喜乐与平静并不是来自于神的保证，也不是因为神会照顾我们的需要，我们只有将期望交托给神，也就是毫无条件地彻底接受事实，它们才会出现。

因此，“自然的启示”不该被诠释成受神眷顾。其实这则训诫的精髓很容易掌握，并不需要任何超自然的调子来陪衬，甚至不需要相信有神的存在，只要洞察到忧虑是无益的即可，因为真正的宁静就来自于如实接受真相的一份能力。

第五个禅的重要元素是“无为”。依据字面上的解释，“无为”指的是什么都不做。但是从某方面来看，它又跟不行动完全相反。我见过的“无为”一词的最佳英译，应该是休斯敦·史密斯（Huston Smith）的“富有创造性的寂静”（creative quietude）。

它指出了一种相悖的状态，在其中至高的活动与最大的放松可以同时并存。史密斯细心推敲出了这个词的意思：

> 无为是一种至高无上的行动，当我们的我执及刻意的造作臣服于另一股力量时，柔软、单纯及自在的珍贵质量就会从我们的生命中涌现出来。从某方面来看，“无为”与孔子所说的美德的培养正好相反。

与其用抽象的方式来探讨无为，不如用一个事件来解说。不久前我到朋友家吃晚餐，这位朋友的客厅中央挂了一幅书法，是朋友的祖父写的。这是她祖父最喜爱的作品。有趣的是，这幅字是写在草稿纸上而不是一般用来写书法的宣纸。当时她的祖父还在练习书法，所以是在毫无计划之下写出了佳作。讽刺的是，这幅作品竟然成了他一生最杰出的作品。

这是一个很典型的有关无为的例子，一种无须努力而达到的成就。这是多么奇妙的一件事，有多少名作与最佳演出都是在这种毫无计划的状态下产生的。前面我们已经提过，放松是灵修的必备条件。现代社会有一个问题就是过分重视成就，我们总是使尽全力，甚至在一些不适合努力的地方也拼命下功夫。艺术与修行都不是与成就有关的事，如果把它当成一件功成名就的事，它一定会变成获取名声、金钱及尊崇的一种工具。当这种状况发生时，事情会变得很丑陋；它就不再是艺术了。真正的艺术只是为了好玩以及享受乐趣。它本身就是一种目的。

禅是一种艺术，它是无目的以及无用的。但是这无用却蕴藏着伟大的作用——让我们放松并享受当下的人生。这正是耶稣所说的："我的轭是容易的，我的担子是轻省的。"（《马太福音》第11 章 30 节）如果你知道什么时候该将事情交到神的手中，事情就会变得很单纯。

耶稣在"自然的启示"中将无为的原则解说得很美。空中的飞鸟不播种、不收割、也不积粮，却有得吃；野地里的百合不做工，也不纺织，却有得穿。无为并不是偷懒或什么事都不做，而是顺着自然之道，不浪费精力。这是一种"随它去罢！"的美。

以上是禅的五个首要元素：当下、平常、乐趣、洞见以及无为。现在让我们来思考一下其他几个重要的元素（柔顺、自由、简单、悖论、右脑为主以及充满深情）。

第三章　禅是什么？Ⅱ事物的本质

我实在告诉你们，你们若不回转，变成小孩子的样式，断不得进天国。

——耶稣

上善若水。

——老子

禅是一切事物的本质

禅无所不在。中国传统文化里有六种艺术——礼、乐、射、御、书、术。如果我们用点心在其中任何一种上面，都可以学到禅。同样地，在日本文化中也有茶道、剑道、柔道及武士道。这个“道”（-do）字的意义和中国的“道”（tao）一样富有神奇的力量。它们分别指的是茶的艺术、击剑的艺术、柔顺的艺术（因为柔道的原则是借力使力）及武士的艺术。这里的每一种艺术都可以拿来当作习禅的方法。其实你只要能保持觉察，不管做什么都可以发现禅。禅就是一种臻于卓越的艺术。

在这一章里，我们将继续探讨禅的其他元素。从某方面来看，如此冗长地探讨禅，其实已经不像禅了。虽然我会因此而失去当禅师的资格，但为了满足各位在知性上的好奇，我会再多说一点。接下来，我们将继续采用耶稣的“自然的启示”作为参考。

禅的其他元素

禅的第六个元素是“柔顺”。为了了解这个部分，先探讨一下道家阴与阳的观念，可能会对大家很有帮助。照字面上的解释，阴与阳代表的是雌性与雄性的本质。它们是以相对的方式表现出来的，譬如男与女、善与恶、光与暗、白天与夜晚、正与负、清楚与含蓄、强与弱等。阴与阳联结的图像就是道家的象征，它显示出宇宙两股彼此融合的力量，在阳这边有少许的阴，在阴这边有少许的阳。道家的说法是，阴阳两气激荡调和，因而创造繁衍了万物。

西方的主流思想将善与恶看成是两极化的势力，彼此极力想歼灭对方，而道家却把这两者视为相生与互补的力量。阴与阳是创生的张力最原始的象征，没有它们，就不会有生命与成长。先要了解这两股力量是互补的，才能理解禅对人生所抱持的柔顺态度。

柔顺是道家主要的美德之一，是艺术家与艺匠的分别，也是老子所认为的生存的关键所在。庄子用庖丁的故事来教导柔顺的艺术：

> 庖丁是个技术很好的屠夫。当他用刀宰割一头牛时，他身体的律动显得非常协调，整个过程就像是一场舞蹈，舞者

与舞完美地融合了。有一回，皇帝看了庖丁的表演后不禁赞叹道："你的技术真是令人仰慕，我简直无法相信我的眼睛！"

庖丁回答："我用的不是一种技术，而是道！当我初学宰牛时，我眼中的牛就是一头牛。三年后，我已经看不到牛了，我看见的只有一副架构良好的肌肉与骨头。从此我再也不用眼睛去看自己在做什么，我凭直觉去感受就够了。其他的屠夫还是用刀去剁牛，对我而言，剁的动作已经不必要了。这把刀我用了十九年，它宰过数千头牛，却像新的一样。原因是，我的刀只游走在骨与骨之间的缝隙中……"

听完这席话，皇帝说："我终于学会了生活的艺术。"

庖丁的柔顺使得他的刀始终没有变钝，这是因为他对自然之道的领悟。这份柔顺的质量可以美化生命，让工作变得神圣。柔顺指的就是随顺自然之道，不与其抗争，如此便可防止精力的浪费，增进生产力。

柔顺的反面是暴力，它指的是与真相违逆的行为。精神上的暴力在我们的社会非常普遍，大部分人多少都带着一点暴力，这是因为我们没有洞察到真相的本质，我们大部分时候都无法觉察自己的暴戾之气。我们对死亡的抗拒就是最明显的例子。我们就是无法接受死亡是生命中不可避免的事，而且，一切的医疗科技都不惜成本地与它抗争。这样的暴力已经为病人及整体社会制造了诸多的痛苦。

路易斯将基督教称作"战斗的宗教"，这样的描述是最容易令人误解的。事实上，耶稣教导的只是"经由失败而获胜"的一种艺术，一种精神上的柔道。在“自然的启示”中，耶稣用天空的飞鸟和野地里的百合来解释柔顺的艺术。应该注意的是，透过上帝隐形的手，鸟儿被喂食，花有衣装，但它们同时也暴露在其他不可知的元素与肇因中。鸟儿有自然的天敌，百合也会经历干旱及水灾。如同人一样，它们对生命的重要事实——生、老、病、死也都没有免疫力。事实上，耶稣在描述百合的生命时曾经说过：“野地里的草今天还在，明天就丢在炉里。”神的眷顾显然并不保证安全或长寿。

但是，鸟儿和百合对它们的环境似乎适应得很圆满，而且活得很愉快！——不忧虑、不抗拒、不抱怨。因此耶稣问道，如果这些生物都能做得到，我们人类为什么做不到呢？耶稣对鸟儿和百合独具一格的柔顺非常赞叹，就是这种柔顺的品质使它们在任何状况下都活得很好。

“自然的启示”中最重要的意涵并不是神的眷顾，而是在传达“柔弱的威力”。如同艾伦·沃茨（Alan Watts）所强调的，百合花“脆弱而朴拙、柔顺而微不足道，却拥有无为的智慧。但是那些拥有钢铁般意志及胆识的好战之徒，对这种品质往往是嗤之以鼻的。”

耶稣教导我们，灵修与刚强或意志力的展现无关。老子特别强调“上善若水”。事实上，水便是展现柔顺最完美的老师。不管把水倒在什么形状的容器内，它马上就变成了那个容器的形状。水不抗拒现实，它会去适应现实，在这份适应性里就潜藏了超然的力量。老子在《道德经》里特别强调水的力量：

天下之至柔，驰骋天下之至坚。

天下莫柔弱于水，而攻坚强者莫之能胜。

以其无以易之。

弱之胜强，柔之胜刚。

禅的第七个元素是“自由”。自由这个名词在美国已经被滥用了。每当我要求孩子们做些他们不想做的事，他们就会拿自由当护身符，说：“这是一个自由的国家！”对他们而言，自由表示不受束缚与限制。

在我的书架上有一本“教孩子如何画图”的书，作者是美术老师陈飞堂。最近我有机会仔细阅读它，才发现作者不但是位美术老师，也是一位禅师。

其中有一章是“随兴艺术入门”。在“随兴绘画”一节中，作者要孩子们不画任何自然的物体，而是心里想到什么就画什么，自由地表现自己。这种绘画练习的结果通常是一团糟，不过作者却观察到，在这些乱糟糟的画作中，他可以区分出哪些人下笔是大胆的、哪些人是怯懦的。换言之，混乱（或是无章法）并不一定就代表自由。

自由并不像多数人所认为的那么毫无约束。自由是一种相对的观念，没有所谓的“绝对自由”。事实上，自由只能在某种相关的约束下才能存在。根据这点来看，自由与约束其实是一体的两面，它们都无法单独存在。

在美国，人们往往用一种战士的精神去争取自由，一般美国人的口头禅就是“为争取个人自由而战”。但心灵的自由并不需要去争取，而是要放下。

从观察孩子游戏就可以学习到自由。孩子的游戏比成人的游戏有趣得多。年纪小的孩子不怕被人嘲笑，也不怕表达他们真正的感觉。他们的游戏里掺杂着许多笑声、喊叫及尖叫声。这表示他们可以完全忘掉自己。年纪稍长后，我们就丧失了这份不在乎的精神，因为自我重要感已经像癌细胞一样在我们内心滋长。自我中心及控制力如果越来越强，内在的自由与欢乐就越来越少。

心灵的自由并不意味着身体不受束缚，不过确实意味着从我执的桎梏中解脱的一份能力。真正的自由反映出了一个人的柔顺，以及一种遵从自然之道的能力；当情况不妥时，立刻能放弃个人的坚持。在“自然的启示”一文中，鸟儿和百合是自由的，因为它们没有忧虑与烦恼——忧虑与烦恼都是我执的表现。它们不抗拒现实，也不违逆自然。不像人类，因为尚未学会接受无常、生老病死，所以大多数的人都非常压抑，一味地反抗，好像这些事可以逃避得了似的。这种盲目的抗拒已经引发了许多痛苦。

禅的第八个元素是“简单”。还记得前菲律宾总统的遗孀马科斯夫人拥有三千双鞋吗？你们或许认为她的过度挥霍十分可笑，不过她完全反映了现代文化中消费者贪得无厌的心态。以我们现代人的聪明才智，竟然无法分辨质与量！

禅是让生活简化的一种训练。“禅”这个中国字是由两个字根组合而成的——一个代表启示，另一个代表简单。因此，“禅”指的是真理经由单纯的生活表现出来。在这贪得无厌的社会里，我们累积了过多的个人财富、负担、责任与享乐。我们因为负荷过重而崩溃，生活质量早已下降却不自知。人生中有太多的事要做，时间却很少。我们的状况与参加旅行团没什么两样，当导游安排了过多的行程，这趟旅程非但没有增加乐趣，反而使人疲惫万分。

的确如此，“好”东西也可能过剩。如果我们还未学会这一点，不妨看一下《时尚女性》(*Cosmo Girl*)。《大都会》(*Cosmopolitan*)杂志为迎合年轻人的市场，有一次在“都市风格女子”专栏中发表了一篇文章，标题是《美妙的性，少一点就是多一点》。这篇文章同时节录了加州比佛利山生化中心(Biocentric Institute in Berverly Hills)的心理治疗师纳萨尼·布兰登(Nathaniel Brandon)的话：“延后做爱的时间比立即的满足更富有张力。怀着性冲动，慢慢地认识一个人，是十分性感的事。”显然不只是禅师欣赏“节制”的神奇性。

“简单”对每天的生活起居也有深刻而丰富的影响。曾经是僧侣，后来成为心理治疗师的托马斯·摩尔，对中世纪的灵性生活曾经做过大量的研究，他观察到我们这一代所以会丧失灵性的原因之一，就是因为我们的生活方式过于紧张。他在《随心所欲：探索幽深圣洁的心灵境界》(*Care of the Soul : A Guide for Cultivating Depth and Sacredness in Everyday Life*)一书中提到：“要想活得艺术，你必须学会暂时停顿。”他又说：“心灵无法在步伐太快的生活中成长，因为从吃进东西、咀嚼到产生作用是需要时间的。”我们发现专家们大致同意这一点：灵修就是在每日的经验里发展出深刻的认识，这是需要放慢脚步与减少需求的。

这也正是耶稣会说出那段令人震撼的宣辞的原因：“骆驼穿过针的眼，比财主进神的国还容易呢！”(《马太福音》第19章24节)很多人把这句话误解成物质生活与精神生活是相互冲突的，如果真是这个意思，那么非洲的饥民都能成圣了。

物质生活与精神生活并非彼此排斥。耶稣所说的贫穷只是在强调心灵与简朴之间的关系。富人的生活很少是简朴的，他们强大的购买力与获取能力带来的是灾祸而不是幸福。他们很容易沦为财富与世间享乐的奴隶，进而扰乱了他们的心灵生活，所以得到解脱的机会也更少。

因此，“富有”这个形容词应该用一种象征性的方式来了解。一个人的财富可能是物质的、心理的、智慧的甚至是宗教的。不论属于哪一种，只要产生执着，就会变成解脱的障碍。耶稣在“论福”的训诫中已经清楚地说明了这一点：“虚心的人有福了！因为天国是他们的。”（《马太福音》第5章3节）但是他并未说穷人有福了，因为穷人与虚心的人之间有很大的不同。穷人往往是物质匮乏的人，虚心的人则是没有任何包袱（执着）的人。有的人很穷，同时又有许多妄想；有的人虽然拥有万贯家财，却不太执着（虽然这种情况很少见）。

禅的第九个元素是“悖论”。记不记得《时尚女性》教我们“少就是多”的性理论，那个说法虽然不合逻辑，但大多数的人都能了解它的意思。

悖论似乎与逻辑及普通常识相违背，却又很真实。禅宗有一则著名的公案：“如果你有棍子，我就给你一根棍子。如果你没有棍子，我就会将棍子从你这儿拿走。”这正好与耶稣的悖论相互辉映：“因为有的，还要给他；没有的，连他所有的也要夺去。”（《马可福音》第4章25节）

禅的悖论不容忽视，因为其中含有对实相本质的解释。了解它们就是个人解脱与自由的关键。布里斯对此曾有一番观察：

> 悖论并不是一种双关语，也不是透过不同字义的解释就可以得到解决。它并不是为了混淆自己或听者而冒出来的

话。因为无法同时表达两件事，所以才会有悖论的产生。如同医生将病患的一只脚砍断而造成了痛苦及损伤，虽然有害，却挽回了一条命。一谈到行为的善恶，我们的心不可避免地就会区分出好坏。从这一点来看，音乐比语言要伟大得多，透过音乐我们可以同时诉说两件事，两个分开的旋律可以形成一支不可分割的谐乐。

悖论在我们这个以理性为主的社会里，往往有被轻忽的趋势。值得注意的是，禅与基督教似乎都具有反智与非理性的传统。耶稣说过一些神秘、鲜为人知、也很少被引用的话。谈到聪明的男女，耶稣说:“父啊，天地的主，我感谢你！因为你将这些事向聪明通达人藏起来，向婴孩显出来。父啊，是的，因为你的美意本是如此。”(《马太福音》第 11 章 25 至 26 节)

这些话简直毫无逻辑可言，极端的反智！婴孩如何能知道那些聪明有学识的人所不知道的事呢？难道耶稣疯了吗？为何不曾学习的要比学习过的好呢？对于理性的心智而言，这简直荒唐极了。

但是这种“疯癫”却从头至尾贯穿了基督教的传统。譬如使徒保罗有时说起话来就像个疯癫的禅宗和尚。以下就是一个例子:

智慧人在哪里？文士在哪里？这世上的辩士在哪里？神岂不是叫这世上的智慧变成愚拙吗？世人凭自己的智慧，既不认识神，神就乐意用人所当作愚拙的道理拯救那些信的人，这就是神的智慧了。犹太人是要神迹，希腊人是求智慧，我们却是传钉十字架的基督，在犹太人为绊脚石，在外邦人为愚拙，但在那蒙召的，无论是犹太人、希腊人，基督总为神的能力，神的智慧。因神的愚拙总比人智慧，神的软弱总比人强壮。(《哥林多前书》第1章20至25节)

因此，禅的世界可以说是一个诗情画意的疯癫世界，它是一个暧昧不明的领域，在这里知识变成了无知，愚蠢变成了智慧，软弱变成了坚强，真可说事事颠倒。日常生活中的逻辑在这儿一点都用不上。

佛教的传统也是非常不合逻辑的。譬如《心经》一开头就说:“色即是空，空即是色。”《金刚经》更是不合逻辑:“须菩提，佛说般若波罗蜜，即非般若波罗蜜。……如来有所说法不……如来无所说。”多么惹人生气的言辞！多么癫狂的解说！然而这些话语中却显露出一种坦诚、富有诗意的美及微妙的真理。

要想了解这看似不合理的禅，我们必须对自己的思维活动有所洞察。身为现代人，我们经常警觉到周遭有各种令人上瘾的事物，譬如电视、赌博、性、酒、毒品等，不过有一件事我们却很少注意到，那就是对逻辑性的思考上瘾。若是对逻辑的极限与陷阱无所警觉的话，这种瘾头对我们的心灵与心理健康会是很大的戕害。

逻辑的极限和陷阱在最新的计算机科技上展露无遗。计算机是象征人类心智中理性与逻辑最典型的标志。20世纪的许多科技发展如果没有计算机的辅助，几乎不可能发生。计算机是毋庸置疑的现代英雄。它的伟大成就之一便是引领科学家将它发展到超乎人脑的功用。最新的发展成果之一是让这部机器了解了人类的语言，这方面的研究称作“人工智能”（Artificial Intelligence），前景十分看好。

不幸的是，目前人工智能的发展计划犹如浮在空中的一块大饼。历经三十年的研究，花费了数十亿美元，科学家才逐渐明白，我们过去实在太低估这个问题的复杂性了。在进行人工智能的实验时，有一句英文是：“精神上是乐意的，肢体上却是软弱的。”这句话先翻成了俄文，然后再译回英文，结果却变成“伏特加酒十分宜人，但是肉太嫩了”。

这么一个大错误突显出了逻辑思考上的一个关键问题，那就是逻辑思考的模式是“二选一”的：A 或非 A；一样东西可以是 A，或者非 A，但绝非两者皆是。这就是我们理性思维的一种反应，它总企图将生活划成一些齐整的小方块，然后分门别类，贴上标签，予以识别。

事实上，真实的世界并不整齐，也不划一；模糊不清才是自然之道。当计算机在二元（binary）的模式下运作时，它对模糊不清的状况自然处理得不好。机器可以准确地预测出宇宙飞船的轨迹，却难以处理极其简单的对话，因为它必须去了解话语中多层的意思。麻省理工学院认知神经科学中心主任史蒂文·平克（Steven Pinker）指出：“机器人无法识别‘玛丽有一只小绵羊’指的是她拥有一只羊，而不是她吃了羊、生了羊，或者与羊有什么恋情。”

最基本的问题就是一般人经常使用逻辑，某位逻辑学家做过以下这段陈述：

传统的逻辑习惯性地假设它们使用的符号是精确的，然而逻辑并不适合地球上的生命，只适用于想象中的天国。如果你用的符号是精确的，那么这个绝无中道（A 或非 A）的法则便可能属实，但符号如果模糊不清就不属实了。事实上，所有的符号都是模糊不清的。

与计算机不同的是，禅的逻辑可以是模糊不清的，它不排斥 A 和非 A 相容共存。但如果以为禅师都是无理性的，那就大错特错了。他们若是不相信理性，就不该教禅，而且也没有东西可教了。禅师的工作就是去启发出一种更高的逻辑，然后超越这二元对立的世界。他们采用一种比较有弹性的逻辑，来包容各种解释与可能性。因为普通的逻辑太僵硬，无法适用于这个随时在变易的真实生活。

所以，很直率地说，禅的逻辑就是：A 不是 A。这只不过是用另一种方式在说，事情并不像外表看来的那样，此外，一般人对 A 的看法并不是最究竟的看法。除了巧妙的辩词及令人震撼的率直之外，禅确实指出了一个更深的、超乎二元性的真实境界，在那儿我们可以得到真正的解脱。

禅是“富有创造性的”。创造性的核心精神就是要体认到，你可以同时运用一种以上的方法去看或处理某件事。因此，禅师运用了悖论来震撼学生，引导他们用全然不同的方法去看待世界，毕竟开悟就是一种创新的视见（creative visualization）。从这个角度来看，禅是不服从的，也是脱离常轨的。你必须用一种独立的心识而不是兽群意识来习禅，因此它是不服从的；你不能以理所当然的态度来看待传统的行事方式，所以它是脱离常轨的。习禅是一条寂寞的路，要踏上它需要勇气与创意。

耶稣赞美没有知识的人，因为他们的心尚未被转变成二元对立的思考模式。只有一颗“初心”才能赞叹、欣赏及发现新的可能性。

耶稣不为日常生活的逻辑所左右，他精于使用悖论。譬如他的“自然的启示”其实就隐含着悖论。从某一方面来说，飞鸟与野百合是在大自然的恩泽下生长的，它们完全暴露在现有的元素及未知的因缘中，它们是活生生的生命之囚。从另一方面来说，它们则是完全自由的，因为它们对现实环境的造作并不抗拒。因此，它们同时是自由与不自由的，而这完全取决于我们看待它们的方式。

禅的第十个元素是“右脑”的作用。艺术和思想无关。它和看、听、感觉及触摸有关。它偏好具体而非抽象的事物。哲学家乔治·桑塔耶纳（George Santayana）曾经说过：“艺术评论家谈艺术，艺术家则谈论在什么地方可以买到好的松节油。”让我们回到佛陀的无言启示（拈花微笑的开示），显然当时那些忙于思考的人反而错过了重点。看与思考二者同时进行时，效果并不好。真正的艺术家不会花很多时间在谈话或思考，他们宁愿浸淫在具体而直接的美妙经验中，而不会去处理它的抽象问题。

这种不以语言与智力为主的艺术（或禅）简单来说是属于右脑的。根据神经科学的最新发现，我们的左半脑主控分析、观念、线形思考、语言、规范及所有以目标为导向的大脑活动，这些活动统称为智力活动，它决定了我们是否能有效地面对外在世界。右半脑负责的是我们的直觉、视觉、艺术、整合、情感、自发性以及大脑的整体活动（holistic），而这些都是无意识的活动。这两个区域的大脑活动是互补的，可以说是我们心智上的阴与阳。

我在本小节列出了左脑与右脑的思考模式对照表供大家参考。

大脑两侧的活动与灵性联结时，往往采用以下方式来运作：左脑是“男性”的，它是自我的宝座，也是我们对外活动的中枢，其本质倾向于控制、获取及支配；由于以目标为首，不断向外搜寻，因此它会激励我们的意志、欲望与野心。右脑是“女性”的，它是灵魂的归宿，其本质倾向于接纳、想象、平衡及适应；由于以内化为主，因此它会促使我们感觉、认知、倾听及感恩。正常运作的人显然同时需要这两种能力，因为现代社会大多数人的活动都倾向于左脑，为了恢复平衡，禅于是强调以右脑为主的非语言及整合性活动。

因为禅的经验很自然地属于右脑的活动，它无法用言语表达，所以显得很神秘。其实它不过就是“如人饮水，冷暖自知”罢了。现代灵修大师奥修曾经用最平常的语言谈论过禅的体验：

> 远处传来杜鹃的啼声……片刻间思虑全无。杜鹃的啼声如此优美、如此深邃，像利箭穿心一般。刹那间一切都停顿了下来……突然，你尝到了道的滋味。你称它为一种美，因为你不知道它到底是什么。没错，美确实是它其中的一面……这是一个满天星辰的夜晚，你徜徉在草地上，仰望着星空，为这份绚丽而悸动。这个被你形容为绚丽的东西，便是道的另外一面。听音乐时，某个东西深深触动了你的存在；一种同步性发生了。你已经融入音乐之中，微妙的舞蹈开始从你内心升起。你称它为音乐吗？还是诗？这也是道，道的另外一面。

当你失去自我的那一刻，你就体验到禅了。那种感觉好像整个世界都停止了，而你却感受到一种超然的和谐与宁静。但真正停止的只是你自己的我执。当我执的运作停止时，你的期待、欲望、忧虑、烦恼也同时停止了。这时你会发现你是活在当下的，而且心中充满着喜乐与宁静。

左脑与右脑思考模式对照表

左脑	右脑
分析	综合
精确	模糊
二分法	整全性／关系性
制度化	游戏性
连续的	同时的
语言	非语言
标志／抽象	具象
理性／逻辑	艺术／直觉／情感
计划	自发
注重目标	注重过程
依照句法	依照知觉

“自然的启示”实际上分为两部分：一部分有文字，一部分没有。没有文字的那部分是由大自然所教授的。注意，这个启示确实发生在山上。在大自然的美中，耶稣要他的门徒去看及默观眼前真实的事物。其实言语是多余的，因为大自然以它的沉默来抚慰、治愈及教导人们。耶稣所做的只是引导观众，让他们的右脑发生作用，去聆听、看、欣赏和存在。

为了帮助那些右脑能力比较差的人，耶稣才解说了大自然的不言之教。耶稣诉诸理性及逻辑去抚慰与镇定人心。我们应当把这个启示的语言与非语言两部分看作是互补的，彼此截长补短。从这里，我们了解到耶稣是个多么善巧的心灵导师。

禅的最后一个元素是“充满着深情”（Soulfulness）。艺术必须能超越表象。艺术品的“美”（beauty）与“漂亮”（prettiness）的区分，就在于“美”是有深度的，而“漂亮”却没有。艺术品不一定是“漂亮”的，“漂亮”的东西不一定是艺术品。真正的艺术家可以灵巧地展露丑陋之美，如同真正习禅的人可以将粗俗转化为灵性。一件艺术作品的内涵，主要在于它是否充满了某种灵魂的深情，而这正反映出艺术家的生命内涵，因为艺术就是一种自我发现与自我表达的过程。

灵性与宗教的不同就在于这种以内在活动为主轴的特性。虽然有很多人对这二者混淆不清，但它们的确是不同的。宗教通常有其特殊的一套教条、信仰、规则及仪轨。基于此点，它自然而然变得形式化、制式化及政治化。反之，灵性却与个人经验的深度有关。它与那些从外在加诸我们身上的东西没多大关系，重点是如何将我们的内在表现出来。事实上，一般流行的宗教在许多方面都是向外追求的，而这正是实修的障碍。罗博·林森（Robert Linssen）曾观察到：

> 潜意识与意识的最深层对我们而言是一片沃土，在那儿，生命的根可以滋长繁衍，以便汲取那生机盎然的生命精髓。这个过程是纯属个人性的。外在的一切期待、一切权威的仪式、对奇迹的渴望，只会令心灵的根瘫痪，而无法触及埋藏在生命源头的精髓。

耶稣曾经以雄辩的口吻问道：“人若赚得全世界，赔上自己的生命，有什么益处呢？人还能拿什么换生命呢？”（《马太福音》第16章26节）由此可见耶稣强调的是以内在为主的生活。他把心灵与世界拿来对照，他清楚地指出灵性生活无关乎从外界获取物质，而是要向内探索自我，了解真实的自己。耶稣也曾经指出天国就在我们心中。再一次，我们看见禅与耶稣的心灵完美地融合了。

简而言之，禅就是要排除掉多余的和外围的东西，直接进入最核心的重点，也就是去认识自己。重点就在去了解那个不停求取满足与享乐的追寻者。古代的某部佛经里，也有一则故事持相同的看法：

> 佛陀有一回在乌瑞拉（Urela）和贝纳瑞斯（Benares）途中的一棵树下禅定。那天大约有三十对年轻的王子及王子妃也到同一个森林里野餐。其中有一个王子没有结婚，所以带了一名妓女同去。当大家忙着玩乐时，这名妓女窃取了一些珍贵的物品而后逃之夭夭。他们在森林里四处寻找她，突然看见佛陀坐在树下，便询问他是否看见过那个女人。佛陀也想知道到底发生了什么事，他们说明之后，佛陀便反问他们：“年轻人，什么事对你们是真正有益处的？是去寻找一个女人，还是去寻找你们自己？”

好了，不再拖延了，我们开始寻找吧！

第四章　神奇的王国

神的国来到，不是眼所能见的。

——《路加福音》第 17 章 20 节

如果你想得到，必定会失去。

——南泉

时间是什么？

你是否对时间这个熟悉的陌生人感到疑惑？人必须能欣赏时间的奥妙，才能见到天国的美。然而时间到底是什么？当希波（Hippo）的圣奥古斯丁（St. Augustine）被问到这个问题时，他回答说：“我知道它是什么，可是当你问我时，我就不知道了。”这真是个奇怪的现象，我们平常最熟悉的事物，往往是最难解的哲学之谜。

爱因斯坦曾经说过，一般人都有一种幻觉，以为时间是绝对的，但科学家与哲学家已经断言，时间并没有一个客观的实体。德国哲学家康就曾经说过：“时间不是一种客观的东西。它不是物质，不是偶发性，也不是一种关系，而是人类心智里必要的一种主观条件。”

最有趣的说法是：时间是一种心智的现象。其实这个概念并不怎么奇怪，因为几千年前的印度教徒与佛教徒早已认定万法唯心所造。现代量子物理学也发现，或许根本没有所谓的“客观真实”（objective reality，不必依赖意识而存在的真实）！

我们习惯把时间区分为过去、现在及未来，并以现在为区分过去及未来的分界线。当然，“现在”也如同幻影一般不可捉摸。当我说“现在”的这一刻，现在已经消失了。庄子曾说：“当太阳在天空的正中央时，它已经不在天空的正中央了。”时间本身是自相矛盾的，现在这一刻永远是含糊不清的。如果连“现在这一刻”都无法好好下个定义，那么过去与未来也无法被妥当地定义。

身为神秘学家与诗人的耶稣说：“我实实在在地告诉你们：还没有亚伯拉罕就有了我。”（《约翰福音》第 8 章 58 节）耶稣非常激赏“现在这一刻”的神秘感，他的话似乎并未将过去与现在区分出来。

时间至少可以分为两种：时钟上的以及心理上的。后者与心灵有直接的关系，也是我们前面一直讨论的重点。回想一下你体验到至乐的那一刻，那时你还能觉察到时间吗？快乐与时间能同时存在吗？

时间的弹性始终让我感到非常有趣。过去几年，我做过许多场公开演讲及研讨会。我注意到每当我自认为讲得好时，一定有忘记时间的倾向。这个“好”指的是当我演讲时因为觉得很舒服，所以不自觉地进入了一种游戏的状态：我“玩”我的教材，与听众一同“游戏”。等到我终于看手表时，竟然无法相信时间过得如此之快！但是在某些场合，时间却像蜗牛爬行一样，让人心神不安。

因此，时间似乎不是快就是慢，全由我们内在的心境而定。俗话说：“欢乐之际，时光飞逝。”相反地，无聊时则感到漫漫无涯。中国与日本的民间传说里有一个共同的主题，与爱因斯坦的时间之旅理论不谋而合：某个年轻人到一座圣山待了几天，回到尘世之后他感到惊讶不已——他发现皇朝已改，与他同年的人头发都白了，牙齿也掉光了。民间有这么一个说法，天堂的一天等于人间的十年。可见时间的速度取决于你所在的地方。

永恒是时间的无限延伸吗？

活在天国就是活在永恒中。所以，首先让我们来研究一下永恒的意义。许多人把永恒当成是一段无限延伸的时间，但真是这样的吗？永恒是时间的无限延伸吗？耶稣在这个主题上给了我们一些洞见：

> 撒都该人常说没有复活的事。那天，他们来问耶稣说：“夫子，摩西说：‘人若死了，没有孩子，他兄弟当娶他的妻，为哥哥生子立后。’从前，在我们这里有弟兄七人，第一个娶了妻，死了，没有孩子，撇下妻子给兄弟。第二、第三、直到第七个，都是如此。末后，妇人也死了。这样，当复活的时候，她是七个人中哪一个的妻子呢？因为他们都娶过她。”耶稣回答说：“你们错了；因为不明白圣经，也不晓得神的大能。当复活的时候，人也不娶也不嫁，乃像天上的使者一样。论到死人复活，神在经上向你们所说的，你们没

有念过吗？他说：'我是亚伯拉罕的神，艾萨克的神，雅各布的神。'神不是死人的神，乃是活人的神。"众人听见这话，就稀奇他的教训。(《马太福音》第22章23至33节)

我们首先应该对这则故事的背景有所了解。在撒都该人询问耶稣这个问题之前，法利赛人也问过他。这两个团体代表的是当时的宗教团体。撒都该人的人数较少，代表着比较富裕、教育水平较高的精英。与法利赛人对比之下，他们的犹太信仰显得保守了一些，他们只接受《旧约》前五书的权威性（摩西五书）。法利赛人相信来生，而撒都该人却反对，因为从摩西五书中他们找不到有力的证据。法利赛人在这方面比较开放，他们不仅相信来生，也相信死人的身体可以复活。他们还相互辩论死人复活时是否穿着衣裳。

为了嘲谑法利赛人相信死人复活的教理，撒都该人才问了耶稣这个问题：这个生前曾与七个不同男人结过婚的女人，当她复活时应该当谁的妻子？耶稣回答："当复活的时候，人也不娶也不嫁，乃像天上的使者一样。"

耶稣的回答到底是什么意思？他是赞同还是反对来生之说？问题是没人知道"天上的使者"长的是什么样子！这又告诉我们什么呢？耶稣是否想告诉我们天国及永恒到底是什么样子？

从禅的观点来看，我们应该对耶稣的回答先默想几天，不骤下任何定论，静静地思考，看看会有什么结论。

其实耶稣复活与来世的训诫，和佛陀"拈花微笑的开示"是相同的。记不记得佛陀只是拈花而不发一语？如果回答有来生或没有来生，便完全失去了意义。这问题最好的回答就是不要思考！

佛陀在世时许多有灵性的人都来找过他，并且问了许多有关形而上的问题：世界有没有终止的时候？圣人死后是否仍然存在？宇宙有边界吗？面对这种情况，佛陀的标准答案通常是沉默是金。佛陀拒绝回答这些问题，因为它们没有什么教化意义。举个例子，一名求道者名叫摩朗迦菩达，他问了一连串这类问题后，佛陀回答道："摩朗迦菩达，精神生活并不是依赖世界有边或无边的教理而得以延续的。"

耶稣说："当复活的时候，人也不娶也不嫁，乃像天上的使者一样。"在这儿要特别注意的是：每当我们听耶稣说话时，必须留意他的眼睛是否闪烁着光芒，脸上是否流露出神秘的笑容。就像任何一位禅师一样，耶稣教学时可能十分"顽皮"。"像天上的使者"究竟是什么意思？我们花一辈子的时间去思考，可能也得不到解答。

耶稣很慈悲地给了我们一些暗示："神不是死人的神，乃是活人的神。"为什么要去烦恼死后的事呢？当我们活着时又怎么可能知道有来生？

有关来生的问题早已成为耶稣最伟大的公案之一，而且是没有解答的。这个公案与佛陀"拈花微笑的开示"极为相似，它主要的用意就是要让学生因找不着答案而感到挫败，因为只有在精疲力竭的时候，他们才会明白思索那些事是徒劳无益的。

"道"是要接近而不能用思考的，思考不是通往"道"的途径。所有的圣者与神秘家都同意这点。如果有人问及来生的问题，孔子总是回答："不知生，焉知死？"

天国是一种喜乐的境界，人一旦开始胡思乱想，喜乐便消失得无影无踪了。我们已经提过，灵修与活在当下有关。试想一下：某个男人正在跟他心爱的女人约会，在烛光晚宴中，柔美的音乐令两个人如醉如痴，这时他竟然问她说："我什么时候可以再见到你？"

这时发生了什么事？一个可恶的小念头竟然把眼前的良辰给暗杀掉了！那对情侣沐浴在宁静与爱的氛围中，直到那恼人的念头闯了进来。就这样，一切的美消失了，喜悦变成了焦虑。

天国存在于一个没有思想的地带。只有终止对左脑的沉迷，才可能开始过一种有质量的生活。但是并不需要刻意止念，因为刻意止念只会诱发更多的念头。譬如你如果告诉别人不要去想粉红色的大象，一定会制造相反的效果。所以不要想停止念头，只要让自己融入当下的工作就够了，譬如洗盘子、做功课、割草、做爱……

活在无思想的地带，也就是活在无时间的状态中。没有思想就没有时间，所以天国会被称为永恒。永恒不是时间的无限延伸，而是时间感的消失。

永恒就是自我的死亡

某些十分聪明的人总喜欢玩冒险的竞赛游戏，你是否对这个现象感到大惑不解？到底登山、赛车、深海潜泳、试飞战斗机有什么吸引人的魅力？如果你问这些喜好冒险的人为什么要把自己的生命置于危险的状况下，他们可能会告诉你：这些经验是令人振奋的，它们能鼓舞、活化、刺激以及更新我们的生命，并能为我们带来力量和喜悦。但是大部分人都没有觉察到，从更深的层面来看，这些高危险性、高赌注的活动，本质上是十分富有灵性的，因为它们能提供我们一个瞥见永恒的机会。露西·奥利佛是一位教自发禅定的老师，她为我们提供了以下的洞见：

> 什么原因会驱使人们去尝试一些富有挑战性、危险性或是能刺激情绪的活动？答案是，当人处在极端情况时，那种会阻碍无限性的常态活动就被切断了。这种情况会把人逼到极限，一种耐力或死亡的极限。透过这种体验，生理会受到刺激而分泌出化学元素，使得精力激增，能量再生，心灵达到清明、洞察、无忧和抽离的状态，这时人才能享受到潜能无限发挥时的满足、喜乐、宁静与活力。对参与者而言，这些状态具有至高无上的价值。

所以，或许高危险的竞赛及具有挑战性的体育活动就是西式的冥想，我们被迫完全融入那种状况中，这种挑战满足了我们的最高需求：自我实现的需求。根据人本主义心理学家马斯洛的理论，“自我实现”指的是以全神贯注和融入的精神，去完全地、强烈地、无我地体验一切。

应该注意的是，如此强烈的经验是十分令人振奋的，因为它使人们忘却了自我。通常我们只会紧抓着自我不放：尽一切所能地支撑它、满足它、护卫它。只有少数的人知道快乐的秘诀是放弃自我。忘却自己就是停止思想感，也就是说心理上的时间感完全消逝了。当这种状况发生时，整个世界都仿佛停顿了下来，那一瞬间我们体验到了一种至高无上的喜悦。马斯洛称这种无自我的时刻为“高峰经验”。

不要以为高峰经验很少发生，只有打坐冥想的人、世界级的运动家或冒险性高的竞赛者才能享受到。事实上，马斯洛所做的研究显示，这是相当普遍而经常发生的事。马斯洛曾经问他的实验对象下列问题：什么是你一生中最喜悦、最快乐、真正充满至乐的时刻？那时你感觉自己有什么不同吗？世界在你眼中有什么不同吗？你改变了吗？如何改变的？他发现高峰经验可以透过很平常的事件被引发，音乐与性是两种最容易达到高峰经验的方式。这些就是一般人通往永恒的门径。关于性，马斯洛有以下洞见：

> 我确信有一天我们将不再对它（性）窃窃私笑而会严肃地看待它，教导孩子们进入天国有许多种途径，譬如透过音乐、爱、洞见、一片美丽的草原、可爱的婴儿或其他任何东西，而性与音乐也是一种途径。这两者恰巧是其中最普遍的、传播最广的，也最容易被了解的。

“性”对每一个人都有不同的意义。有些人认为它是污秽的而不惜任何代价避开；有些人则认为这是一个“表现”的机会。所以，春药、性指南、性技巧录像带才会广为流传。对我而言，“性”代表的是完全的放松，自我的消逝。只有在自我消逝之后才可能享受自己。你听说过有人可以在不断受监视的性行为中，还能得到快乐吗？奥修是一个富有创意的现代大师，他曾经提出忠告：“你要以接近圣殿的心情来进入性行为。”这意味着虔诚与全然臣服的态度。因为永恒便是自我的死亡。

不幸的是，大多数人并不这么看待天国。对许多虔诚的教徒而言，天国是超灵出世的，而且是必须去热烈追求的。在传统的犹太神学中，天国的降临、弥赛亚的出现、公义的复活，都串联成了一个完整的历史事件，而且会在“末日”重现。这也是为什么许多人对“末日”何时来临非常感兴趣的原因。以下这一节显示出耶稣对这件事的看法：

> 法利赛人问：“神的国几时来到？”耶稣回答说：“神的国来到不是眼所能见的。人也不得说：‘看哪，在这里！看哪，在那里！’因为神的国就在你们心里。”（《路加福音》第17章20至21节）

活在当下，便是天国

从这些话语里我们看得很清楚，耶稣的观点是非常激进的。对他而言，天国不是一个可以期待的结局，它就在眼前。这的确是一个“好消息”：天国已经在这里了！它不再是一种许诺，而是眼前的事实。耶稣说：“神的国就在你们心里”，意思就是我们现在已经住在天国里了。至于我们是否知晓，那又是另一回事了。

从两位著名的禅师赵州与南泉的对话中，我们可以看到美妙的呼应：

> 赵州问南泉：“道是什么？”
>
> 南泉回答：“平常心即是道。”
>
> 赵州进一步追问：“一个人如何才能入道？”
>
> 南泉回答：“只要你一有‘入’的念头，便有所偏差了。”

赵州反驳:“如果连‘入’的念头都没有,又如何能知晓道呢?”

南泉回答:“道不在于知或不知。知是一种妄觉,不知则是麻木。如果一个人真能毫无疑惑地证得大道,他的心就会像浩瀚无垠的晴空一般。这时你还会论及对错吗?”

听完这番解说,赵州马上就觉悟了。

耶稣说,“神的国就在你们心中”,这表示它是无法被寻找到的。我们只能寻找我们所没有的东西。如果已经拥有了,为什么还要去寻找呢?事实上,“寻找”正是通往永恒之路的障碍,因为它增强了自我。记住,“美”只能在无时间、无思想的境界中才能经验到,那时“我”早已消失了。

但仍然有许多人在寻找天国,因为他们没有认清它就在当下,它就在我们之中。所以如此追逐是徒劳无益的。这种情况就好像大海中的鱼在寻找水,它不知道自己正被水包围着。奇怪的是,一样东西离我们越近,我们就越难察觉。耶稣既不证实也不否定来生的存在。天国指的就是思想的静止。确定与否定两者都影射了思想,禅超越了这两者的二元性。神的国就在无思想的地带,它不是理性与逻辑的心智可以达到的,因为它无法打破非此即彼的思考习气。

表面上,耶稣好像回答了人们所提出的有关天国的问题。实际上他却指出了一个更伟大的真理。那些问题都是错误的臆想,不论用何种方式回答都是荒唐的。如果你问我哪张桌子是公的、哪张桌子是母的,我最恰当的反应就是大笑,在这上头多作讨论或辩论都是不值得的。如同庄子所观察到的,“跟一只夏虫谈冬雪是没有意义的”。

天国不是思想上的事，也跟时间无关，但人们却把它当成是未来的一件大事似的谈论着。为什么？答案很简单，因为左脑的习惯就是活在未来而不是现在。奥修对这种情况做了以下评断：

> 人的心智总活在未来以及对未来的展望中，它不是活在当下的，而是随着欲望而转动。欲望需要时间，没有时间，欲望是无法单独存在的。如果有某个片刻你意识到时间消逝了，一种没有时间、没有明天的当下，那么你的欲望将会如何呢？它会无法活动，它与时间一起消失了。

天国是极乐世界，那儿没有贪婪、欲望、愤怒或恐惧。但是要如何进去呢？耶稣在接下来的《路加福音》中，为我们打开了这扇无门之门：

> 他们走路的时候，耶稣进了一个村庄。有一个女人，名叫马大，接他到自己家里。她有一个妹了，名叫马里亚，在耶稣脚前坐着听他的道。马大伺候的事多，心里忙乱，就进前来，说：“主啊，我的妹子留下我一个人伺候，你不在意吗？请吩咐她来帮助我。”耶稣回答说：“马大！马大！你为许多的事思虑烦扰，但是不可少的只有一件；马里亚已经选择那上好的福分，是不能夺去的。”（《路加福音》第10章38至42节）

耶稣再次教导了生活的艺术。马里亚有而马大没有的东西，便是专注。生活的艺术就像其他艺术一样，是需要专注的。艺术家必须将自己放松地融入艺术中，能放松自己，才能真的去听或看。耶稣称赞马里亚，因为她懂得聆听——她能毫不费力地专注于当下。人一旦能觉知到每一个当下，就没有思想和时间了。这一刻你已经在天国里了。

相反，马大却分心了。因为她为许多俗事而忙碌，对眼前的这一刻毫不留意，结果就被杂乱的思绪与焦虑所烦扰。耶稣告诉马大，她心里有许多事情要做，但只有一件事是必要的：那就是专注于当前的任务。许多人以为若想进入天国，必须先跟我们心中的愤怒、暴力和欲望搏斗一番，然而耶稣却教了一个很不一样的方法，那就是活在当下。如果每个人真的专注于当下的工作，一切的负面情绪都不会再生起了。

天国存在于无时间的地带。比较实际的说法是，快乐不是时间的产物。耶稣大师指出了一个秘密，永恒的门只有在当下才能找到。大多数人都以为快乐是经由时间的累积而形成的，这种错误的观念便是引发各种痛苦的原因。

存在的艺术——活在当下与“无欲”中

在《福布斯》(*Forbes*)杂志75周年纪念特刊里，编辑邀请了许多位美国知名作家与学者，就以下的问题做一番深刻的自省，并且提出解答：美国人在各方面都已经表现得很好了，可是他们为什么还觉得不快乐？毫无疑问，美国人的物质生活水平高于世界其他地方，但这并没有使他们变得快乐。

佩姬·奴南（Peggie Noonan）曾经是里根与布什总统的演讲

词撰稿者，她对这个问题的响应是：“我们已经忘了，古老的智慧一向告诉我们不要高估快乐的价值，换言之，生命的价值也被高估了。我们的祖先认为世界有两个，而眼前的这个世界是孤独、贫穷、险恶、残酷及短暂的。我们是渴望在这世上找到快乐的第一代人类，然而我们的追寻却带来了这么多的不快乐。”

奴南的回答反映了传统宗教的立场，它们一向强调放弃世俗，把当下的焦点转向未来。然而我们真的高估了生命与快乐的价值吗？还是希望被高估了？将美好时光拖延到不可知的未来或许是传统宗教的良策，因为活人之中有谁能反驳呢？但期待这一生活得“孤独、贫穷、险恶、残酷及短暂”，显然不合大部分人的口味，应该还有更好的选择。

“希望”本身可能就是问题的根源。举个例子，美国主流文化就是一种“希望”的文化，所谓“美国梦”可以显示出这一点，也就是活在未来的意思。美国梦对婴儿潮这一代似乎很适用，但目前的经济状况证明这个梦可能会在下一代产生问题。由于经济的衰退与不景气，美国的年轻人许多正濒临梦碎的边缘——大学毕业找不到工作、公司大幅裁员、生活质量下降。这份对无限发展的承诺，已经变成了无意义的废话。所以，该是从梦中觉醒的时候了！

事实上，《福布斯》杂志提出的问题，早就在心理学家弗洛姆的著作《占有与存在》（*To Have or To Be*）中有所回答了。弗洛姆指出了人的两种基本经验模式：“占有”和“存在”。在“占有”的模式中，人总渴望获得一些东西：钱、物质、威望、成就等。另外一种经验模式则是“存在”，处在其中的人不被渴望所奴役，他们是“喜乐的、富创造力的、与世界合为一体的”。不幸的是，现代社会奖励野心与进取，大多数人已丧失了这种“存在的艺术”。

戴维·梅尔斯（David Meyers）是一位心理治疗师，曾经接受《今日心理学》杂志的委托，研究与调查快乐的本质。经过数百次面谈及问卷之后，梅尔斯将他的发现做了一些摘要：

> 恒久的快乐并非由“成就”制造。你到底在寻找什么？名誉？财富？无限的闲暇？假使我一弹指就能使你获得这些东西，你会快乐吗？或许短时间内你会欣欣然，但是你逐渐会适应眼前的情境，那时你的人生又会回到喜怒哀乐的情绪中。若想恢复原先的喜悦，你势必需要更高的刺激。许许多多的个案研究都显示，我们一旦适应了客观的生命情境，就跟快乐脱离关系了……
>
> 因此，财富就像健康，虽然没有它会产生许多不幸，拥有它也不保证快乐，所以不需要嫉妒有钱人。快乐与得到你所要的东西之间没有多大关系，但是跟“珍惜你已经拥有的”却有密切关系。

我们无法透过获取而得到快乐，因为我们一定会对拥有的东西失去兴趣。我们真正需要的是“珍惜已经拥有的一切”，这便是存在的艺术。快乐是无法从外在环境取得的，因为它是一种才能。

我们根本无法预期天国何时降临。只有当这种毫无希望的幻觉终止时，快乐才可能发生。真正的快乐就是能够接纳和感激眼前的所有。活在天国中，意味着喜悦地活在当下以及一种“无欲”的状态里，也就是从品尝生活的一点一滴开始做起。梅尔斯的解释是：

> 对我而言，活在当下就是为日常每一瞬间的奇迹而欢欣鼓舞，从早茶与麦片，伏案写稿，到每天的最后一刻与太太依偎谈心。快乐并不在未来的某个时刻，它就在晨间一通寻求意见的电话里，今天中午与朋友共进午餐时，陪孩子读床边故事的那个当下，今晚蜷卧在床上读一本好书的时刻。

耶稣说："我实实在在地告诉你们，还没有亚伯拉罕就有了我。"（因为神永远存在于"现在"）这个现在式（I am），代表的就是永远把心维持在"当下"。这便是快乐的关键。

当耶稣开始传道时便宣告："天国近了，你们应当悔改！"（《马太福音》第 4 章 17 节）大部分的人将这句宣词当成了一种威胁，他们的诠释是："行为检点一些，否则……"显然这个解释是错误的。"悔改"的希腊文是 metanoia，意思就是"当你改变心意时"并不觉得太难过。如果心在哪里珍宝就在哪里，那么找到天国就意味着将我们的心放回到眼前的事物，永远活在当下，也就是要对"永恒的当下"做出彻底的承诺。

这一点正是禅与传统宗教的修行之所以不同的地方。禅的修持是没有目标的！它不以心灵的目标来取代世俗的目标，真正的禅修只是接纳和感激眼前的所有。因为天国就在眼前，并不在遥远的他方，也不需要努力赢取。

第五章　禅是“见”的艺术

我已经胜了世界。

——耶稣

当下即是。

——禅语

在上一章里，我们讨论了存在的艺术。若想掌握存在的艺术，就必须有活在当下的能力，不对未来抱持任何希望、要求或期待。这是一种美妙无比的经验，问题是，这件事并非每个人都能做到，更不是无时无刻都能达到的。

禅也是一种“见”的艺术。对某些人而言，存在的艺术是很难领会的，所以禅又提供了另类的修行方法。莎士比亚曾经说过:“事情本身没有好坏，思想却总是在分辨善恶。”这与第二章所提到的“自然的本性是模糊不清的”十分吻合。在《道德经》第二十一章中老子曾说:

道之为物，惟恍惟惚。

惚兮恍兮，其中有象。

恍兮惚兮，其中有物。

虔诚教徒不喜欢把模糊不清的观念与他们的宗教联结在一起，因为模糊不清太接近疑惑和不确定，宗教一有不明确的东西，问题就多了。因此组织化的宗教总喜欢树立一种稳固的形象，这使我联想起小时候曾经唱过的一首基督教圣诗——“万世磐石”。不过“道”却是模糊而暧昧的，若想见到它，只需要留意自己与平常事物之间的互动即可。

外在世界的信息必须经由我们的心来处理、过滤、组织及解释，然后才能产生意义。因此，所谓的“真相”也只是观者的一种作用罢了。如果把一个苹果放在人与狗的面前，人会看到红色，狗却因色盲而看不见这个颜色，所以颜色也是种种因缘合和的结果（观者所具备的颜色感应能力），而不是苹果原本的特质。

声音也是观者的一种作用。如果周围没有一个能听到声音的人，那么大树倒下时还会有什么声音吗？如果聆听者不在附近，那么树虽然倒下了，声音还是无法被确定的。声音不是一棵倒下的树与生俱来的特性。所谓的“大声”也是一样，它与我们耳朵的敏锐度有关。我们都知道，在动物王国里，听觉敏锐度的差异极大。对某些具有超级听觉器官的动物而言，蚊子的嗡嗡声听起来可能像飞机，而一只小毛虫啃叶子的沙沙声听起来却像是群虎争食。这些都是相对的现象。

因此，我们所知道的“平常”景象、声音、味道和气味，并不真的那么平常。一旦觉知到这一切都不是“事物本身”的原始特性，我们就会开始怀疑“实相”到底是什么。如果觉知者决定了他所觉知到的是什么，那么“实相”又是什么呢？的确，实相是“模糊不清”的，因为我们似乎都活在自己的宇宙中，总是透过自己的镜片在看世界。

转化心灵的艺术

虔诚教徒通常把模糊不清当作一种缺陷，习禅之人却把它当成资产。因为这种模糊不清的本性与人类天生具有的创造力结合时，可以转化为一种使我们解脱的机会。如果这个世界真是暧昧不明的，我们就可以运用一种能促进内在祥和及心灵成长的方式，来对它做出一些富有创意的诠释。我们将会看见，开悟这件事绝大部分是一种“创新的视见”。

情妇还是妻子？（Mistress or Wife？）

我十多岁时对某种版画艺术的印象特别深刻，因为它可以制造视觉上的幻象，也可以借由它作出多重的解释。美国心理学家波因（E. G. Boring）所绘制的“情妇还是妻子”，是比较著名的有关心象的例子。由于注意力集中的部位不同，因此我们可以在这幅画中同时看到美丽的少妇和丑陋的巫婆。“情妇还是妻子”说明了我们的心可以使用同一套视觉信息，去创造出两个极端不同的影像。这是一个很巧妙的方式，我们可以借由它来理解悖论及两极共存的概念。

或许我的话听起来有点轻率，不过开悟指的就是，我们的心对实相的认识突然翻转了过来。当然，开悟的心理翻转与视觉上的转变还是截然不同的。前者攸关于存在，它是自然发生的，而后者是视觉上的现象，而且是可以自己激发的。在下一章里我们会对开悟有更深入的讨论。

心灵的觉醒源自我们对生命本质有了突破性洞识。禅主要关切的是如何产生一种创新的视见，也就是改变我们看待世界的方式。在现代艺术家之中，埃舍尔（M. C. Escher）与马格里特（Rene Magritte）可以说是视觉禅最突出的先锋，他们的作品极力邀约我们共同来探讨丰富的"另类实相"（alternative realities）。尤其是埃舍尔，他很喜欢实验视觉上的矛盾性、幻象以及双重意义，他大部分的作品都可以用相当不同但同样有效的方式去解释。它们很适合用来消融我们心中的固着倾向。

模糊不清与悖论不仅出现在各种理论与艺术作品上，在现实生活中它们也具有很大的应用性。视见的翻转对我而言是得来不易的一种艺术。我曾经遇到过一个很难应付的上司，他不但独裁，而且经常提出无理要求，为他工作简直是活受罪。由于情况非常不愉快，使得我好几次都想辞职而去。这种状况一直没有好转，直到我学会了一个"逆增菩萨"（reversed buddhisattra）的秘诀。

在佛教大乘经典里，菩萨被描绘成已经觉醒而且有大能力的人。他们也是非常有慈悲心的人：他们发愿将自己的生命奉献出来帮助其他的人。大部分的菩萨像都是慈眉善目宛若天使的，唯有一种特别的"逆增菩萨"，虽然心地也很慈悲，相貌却十分恐怖。他们的任务是创造出艰难、挑战及困境来引导人们开悟。认识了这种特殊的菩萨类别之后，我立刻将其运用到自己所面临的状况里；我把上司“翻转”为菩萨，并且把他观想为一个满怀慈悲的人。我开始将他加之于我的种种困难，当作是特别为促进我的灵性成长而设计的修行方式。

我当然没有告诉上司我已经将他的形象翻转过来，不过这个办法的确有效。我确实比较能放松自己，比较能以建设性的态度来接受困难。事情还不止如此，我的上司在很短的时间内就离职了。我不知道这是不是因为他无法接受我崭新的态度，不过这已经无关紧要了。

某种程度上，我们决定了自己的喜与悲，因为如何诠释这个世界，是由我们来决定的。同样的一个实相，你可以把它看成天堂，也可以看成地狱。诚如法国散文家蒙田所观察到的："人对事情的意见远比事情本身所造成的伤害更大。"

这正是我们在前一章里所讲的，天国就在眼前。实相既不好，也不坏，只看我们从什么角度来观察它了。对于一个已经在“见的艺术”上臻于成熟的人而言，世界永远是完美的。若想让自己快乐，并不需要去改变外在世界，诀窍就在于改变我们对外在世界的认知。快乐跟“内心的炼金术”有关，那是一种不同于以往的对世界的看法。

美国著名心理学家戴尔·卡内基（Dale Carnegie），曾经引用特玛·汤普森（Thelma Thompson）女士的真实故事来解释“内心的炼金术”。特玛与我们分享了一个将事情由负面转成正面的方法：

> 战争期间，我丈夫驻扎在加州靠近摩哈比沙漠（Mojave Desert）的一个军营里。为了能时常跟他在一起，我搬到了

那附近居住。但不久他就被调到摩哈比沙漠演习去了，留下孤零零的我住在小木屋里。那里的气温热得令人难以忍受。在仙人掌的阴影下，温度仍然高达华氏一百二十五度，连个鬼影也见不到，成天刮着狂风。我吃的食物全都沾满了沙，空气里也充斥着沙，到处都是沙、沙、沙。

情况非常悲惨，我觉得自己可怜极了，便写了一封信给我的父母，告诉他们我已经准备打道回府。我说我再也不能忍受了，与其待在这里，我宁愿被关在监狱里。父亲回了我一封只写了两行字的信，这两行字一直在我的脑海里跳跃，我的生命因为它们而完全改观：

两名囚犯同时望向铁窗外，一个看到了泥淖，另一个则见到了繁星。

由于父亲的启示，特玛把地狱转成了天堂。她主动与沙漠中的土著为友，并且真心对他们的生活及文化产生了兴趣。她研究沙漠里的土拨鼠，她看夕阳，找寻数百万年前当沙漠还是海底时所遗留下来的贝壳。她发现了一个崭新而神奇世界。特玛不仅改变了她自己的状况，也成为“平常中的奇迹”的导师。她告诉我们她的发现与洞见：

是什么东西带给了我如此巨大的改变？摩哈比沙漠一直没变，是我改变了自己的心。我将原本悲惨的经验转化成我一生中最刺激、最意想不到的体验……我从心牢的铁窗往外望见了繁星。

卡内基认为，特玛所发现的真理，就是基督降生前五百年之际希腊人所说的："最珍贵的东西往往是在最困难的环境里找到的。"这也可以说是禅的核心教诲。

天堂　涅槃　见

耶稣大师也是一个经过"翻转的人"。透过整部福音书，他教导了内心炼金术的技艺。因为他用了"重生"这个字眼，所以大部分人并没有意识到他教诲的真谛。这个著名的字眼在美国众所皆知，不幸的是却也早已被庸俗化了。许多人自称是"再生基督徒"，而《美语大辞典》（*American Heritage Dictionary*）也将再生者定义为，"经过转变或重新宣誓认耶稣基督为救主的人"。某些基督教团体利用这个定义将人类分成了两大类：一类是"重生"的，一类是没有重生的。他们的理解是，只有"重生"的人可以得到永生，没有经过重生的人则会永远受苦。

但耶稣并不这么认为。对他而言，一个人是否重生，完全取决于心灵是否醒觉，这与宗教信仰是无关的。《约翰福音》对这个观念作了以下的陈述：

> 有一个法利赛人，名叫尼哥底母，是犹太人的官。这人夜里来见耶稣，说："拉比，我们知道你是由神那里来作师父的，因为你所行的神迹，若没有神同在，无人能行。"耶稣回答说："我实实在在地告诉你，人若不重生，就不能见神的国。"尼哥底母说："人已经老了，如何能重生呢？岂能再进母腹生出来吗？"耶稣说："我实实在在地告诉你，人

若不是从水和圣灵生的，就不能进神的国。从肉身生的就是肉身，从灵生的就是灵。我说：'你们必须重生'，你不要以为稀奇。风随着意思吹，你听见风的响声，却不晓得从哪里来，往哪里去；凡从圣灵生的，也是如此。"

尼哥底母问他说："怎能有这事呢？"耶稣回答说："你是以色列人的先生，还不明白这事吗？我实实在在地告诉你，我们所说的是我们知道的；我们所见证的是我们见过的；你们却不领受我们的见证。我对你们说地上的事，你们尚且不信，若说天上的事，如何能信呢？除了从天降下、仍旧在天的人子，没有人升过天。摩西在旷野怎样举蛇，人子也必照样被举起来，叫一切信他的都得永生。"(《约翰福音》第3章1至15节)

"重生"指的是灵性的觉醒。耶稣将开悟比喻为风，"风随着意思吹，你听见风的响声，却不晓得从哪里来，往哪里去"。受洗对耶稣而言并不是宗教仪式，而是一件自发的事，它是无法控制或意料的。如同风一样，它是不请自来的。在禅学家铃木大拙的文章里，我们可以瞥见耶稣与禅对心灵觉醒的共同看法：

当一个人耗尽全力时，开悟就会在不知不觉中发生。从宗教来说，这是一种重生；从理智的角度来看，则是得到了一种崭新的视见。世界看起来就像是披上了新衣，似乎将一切不雅的二元对立全都遮蔽了。佛教用语称这种对立为"妄想"(delusion)。

尼哥底母是耶稣时代建立宗教组织的代表人物，他对耶稣说："你所行的神迹，若没有神同在，无人能行"，这段话显示出耶稣眼中的天国与传统的观念大不相同。传统的观念里天国是历史中的一个外在事件，是在一连串超自然的神迹下形成的。然而心灵觉醒需要的是另一种更深的"见"，若是不打开心灵的眼是无法见到的。耶稣特别强调过，"神的国来到不是眼所能见的"，因为它就在我们心中。

耶稣在这段话里用了一个动词"见"，其中有特别深刻的意义，里面埋藏了整个天国的秘密：天国已经到了，事实上它就在这里，在眼前。这就是了！因此你只需要去见到它的美就对了。还记得吗？当我跟我的上司打交道时，我并不需要在实质上改变他，只要改变我对他的看法即可。人们对天国所抱持的最错误的看法，就是认定它是未来才会发生的事。其实"心灵洗礼"的本身，就是一种对天国的领悟。如同约翰·马许（John Marsh）所观察到的："心灵的启悟促使一个人在时间中见到永恒，在历史中见到结尾，在基督的血肉之躯中见到圣神。"当下你就可以在崭新的世界里诞生。

佛教用语里比较接近天国的就是"涅槃"。佛陀将涅槃描述为无条件的、不增及不生的。如同佛家学者爱德华·孔兹（Edward Conze）所指出的："比较一下基督教神秘体验者与佛教徒对神性的了解，你会发现它们并没有什么不同。"许多基督教徒误解天国是透过道德努力挣来的报酬，很多佛教徒也认为涅槃是经由年复一年的修持才能领悟的东西。为了更正这共同的误解，佛学大师罗侯罗（Walpola Rahula）为我们提出了以下洞见：

认为涅槃是渴欲止息后自然产生的结果，是不正确的想法，涅槃不是任何事情的结果。如果它是一个结果，必定有一个产生果的因；它一定是“被创造出来的”“有条件的”。但涅槃既不是因、也不是果……它并不像进入禅那或三摩地（samadhi）时所产生的一种神秘的、属灵的、头脑里的状态。真相只是如如，涅槃也是如如；你唯一能做的事就是看见它，了悟它。有一条路是通往涅槃的，但涅槃却不是这条路的终点。就像你可以沿着一条小径上山，但山却不是这条路的尽头。

对耶稣而言，天国就是眼前的实相。这就是他打破旧约传统的地方。传统的看法是：“让我们等待它。”但耶稣却肯定地说：“看！它已经在这里了！”原本二元对立的观点认为，眼前的这个世界与天国是分开的，但现在却被一个整全的世界观取代了，这个世界便是天国。但只有在灵性上有天分的人才能见到它。耶稣说得很清楚：“人若不是从水和圣灵生的，就不能进神的国。这里有一个小小的历史背景可供参考。耶稣之前的施洗约翰以水为人行洗礼，象征着净身。如果只是净身是无法使心灵觉醒的，因为缺了一个重要的元素：灵性。

“举起人子”的公案

在基督教三位一体的理论中，圣灵是神的第三人称。圣父是宇宙的创造者，圣子是神的化身（无限与有限世界的交会点），圣灵则是真理的传递者。耶稣告诉他的门徒说：“只等真理的圣灵来了，他要引导你们明白一切的真理，因为他不是凭自己说的，乃是把他所听见的都说出来，并要把将来的事告诉你们。”（《约翰福音》第 16 章 13 节）在其他地方，他也引用圣灵做为保惠师（《约翰福音》第 14 章 16 节）。灵与真理永远同在，我们因此可以将灵当作智慧的化身。尼哥底母看不见真理，因为他的智慧尚未觉醒。

尼哥底母的故事具有许多层灵性上的意义。从某方面来看，他的问题似乎出自于他对永生的关切；从另一个方面来看，尼哥底母也是建立宗教组织这件事的代言人。在犹太人的传统信仰里，神的王国一直要到这个时代终结，弥赛亚降临时才会示现出来。如果按照这个观点来看，尼哥底母的问题或许可以解释为：“为什么天国会是当下的实相？我们不是应该等待吗？”对于这个问题，耶稣的响应是：“摩西在旷野怎样举蛇，人子也必照样被举起来，叫一切信他的都得永生。”

许多基督徒并不认为耶稣的这段回答里有什么深奥的道理，因为他们太习惯将耶稣视为神了。对他们而言，“举起人子”只是单纯地意味着尊崇耶稣为钉在十字架上的救主（在十字架上被举起），而且是神唯一的儿子。因此，这段话的内容很可能就是这样被解释成：信奉耶稣的名即得永生。但这种诠释方式的问题在于，如果这真是耶稣的本意，他何不直截了当地说：“只要你崇拜我，我就会以永生来报偿你？”为什么耶稣一定要用第三人称的“人子”来自称呢？

事实上，这段话可以解释得更有深度。如同我们在看图一时可以随意将焦点在少妇与老妪的身上来回调换，我们也可以运用这个方法，把尼哥底母的故事从传统的诠释方式转换为禅的解释。对这件事，我个人的解释是，耶稣给了尼哥底母一个“人子”的公案去默观沉思。根据犹太人的传统，“人子”并非弥赛亚的专门用语；它可以用在任何人的身上。因此，“人子”也可以是全人类的一种象征。

若是把“人子”当成一个总称，我们就会发现，耶稣原来是要尼哥底母将焦点集中于人的状态。为了帮助尼哥底母了悟，耶稣还留下了一个暗示，他特别提示《旧约》里“人子”与铜蛇的相似之处。但其中真正的洞见是什么？再一次，我希望大家在看以下的解答前，试着去解一解这个谜题。

这段引喻在旧约《民数记》中有所记载。神对摩西说：“你制造一条火蛇，挂在杆子上，凡被咬的，一望这蛇，就必得活。”（《民数记》第 21 章 8 节）“望见”是这段话中的一个暗语。神说过生命因“见”而成，“见”可以带来疗愈。显然，耶稣要犹太人举起“人子”也是相同的理由：这样人们才能把注意力拉回到自己这个“人子”身上，然后才能被治愈。

耶稣这位伟大的诗人又开始创作了。事实上，这个有关尼哥底母的故事是蕴含着某种象征意义的。耶稣在铜蛇与“人子”之间划下了一条并行线。铜蛇代表的是某个无时无刻不在啃噬我们、令我们受苦的东西——用它来比喻命运是非常适切的。对我而言，“命运”这个字并没有什么迷信的色彩或神奇的内涵，它只是以富有诗意的方式表达了人的有限性，同时也象征着人生中所有无法掌控、无法意料的因素。

“人生像是一个泼妇”（Life is a bitch）这个说法和上述的隐喻十分相似，因为蛇与泼妇都会伤害人。“人子”只是同一个存在事实的另外一面，是人的处境的象征，也是荣格学派所谓的

"原型"(archetype)。身为凡人，我们很容易受到伤害，生命充斥着焦虑、创伤、苦难与局限。耶稣最重要的讯息是：我们可以透过对人类存在状况的觉察来减轻痛苦。

接下来的问题则是，如何才能减轻痛苦呢?

解脱的秘诀

为了寻找解脱的秘诀，我们必须熟悉禅的艺术：在问题中寻找答案。加缪借着西西弗斯的神话说明了这种艺术。根据神话的说法，西西弗斯是一个荒诞的英雄，他对众神的轻蔑、对死亡的憎恨以及对生命的热情，为自己制造了一个无可言喻的刑责：他注定终身得从事徒劳无功的苦役——将巨石推到山头，再看着它滚落山下。他的命运就是不停地重复着这个苦役，永无出期。但最有趣的并不是神话故事本身，而是加缪洞彻的评论，他将意识、苦难与解脱环环相扣在一起：

> 如果他在推动巨石的每一刻都抱持着成功的希望，那么他又为何会被痛苦折磨呢？现代的工人每天也做着相同的劳役，他们的命运不也是同样地荒诞吗！这场悲剧只有在我们偶尔能觉察到它的时候，才能停止下来。西西弗斯这个最低阶层的神，既无威力又叛逆，却完全清楚自己的惨况：每当他往下坡走的时候，心里都在想着这件事。这份了透的觉察是折磨人的，却也带给了他一种胜利的荣耀。没有一种命运是不能被嘲笑所超越的。

西西弗斯受到命运的折磨，注定得永无止境地承受着痛苦以及暂时的释怀。这听起来是不是有一点像你和我？谁又能逃得了暴烈的毒蛇，他无时无刻不以失望、挫折、疾病的毒汁攻击我们！我们永远处在情绪的云霄飞车中。也许我们偶尔会感到快乐，但悲伤终究会回来。从这个观点来看，人类的境遇确实是没有希望的。不过，人类的境遇如果就是问题所在，那么我们一定可以在其中找到解决的办法。加缪告诉我们如何能办到这一点：

> 当快乐的召唤变得无法抗拒时，忧郁就会从心头生起：这便是巨石的胜利……而这些夜晚就如同耶稣在客西马尼园的那一夜（Gethsemane）。然而压倒性的真相一旦被承认了，它就会消失踪影！

重点就在于承认自己的真相。毒蛇就像这章一开头所谈到的那幅双重影像图，一旦学会如实去接受它，它的锐牙就掉了。承认真相，即使真相是一场悲剧，也有一种解脱的效果。尼采（Friedrich Nietzsche）认为能够欣赏悲剧是一种力量而不是软弱，希腊悲剧最灿烂的时刻，正好是希腊最富裕、最有活力的时期。尼采曾经对自己的第一本著作《悲剧的诞生》做过评论，他说："希腊人并不是悲观主义者，他们的悲剧就是明证——在这一点上叔本华（Schopenhauer）是错的。"以悖论的观点来看，只有当我们觉察到生命中的悲剧因素，但又能毫不逃避地面对它们，才能将其转化为另一种美。

基于相同的精神，耶稣要我们举起"人子"，去面对人生的一些不愉快的事实，不畏艰难地去肯定人性。记得耶稣告诉尼哥底母说："除了从天上降下来的人子，从来没有人上过天。"这句话是不需要用超自然的角度去解释的。如果以禅的角度来看，它的意思就是，若是不能先认清我们的无助（"从天上降下来"），我们就得不到解脱（"升上天国"）。天国不该被看成是超尘出世的境界，因为根据耶稣的逆向逻辑，升天与降世是同一回事。如果我们想上天国，必须先通过地狱的考验。

困境乃是人生的真相。多数的人因为没认清自己是受限的凡人，所以会期待安逸的人生，因而制造了更多的痛苦。所以我们才会去做一些能力范围之外的事，去掌控那些不可能被掌控的东西，去预料那些不可能被意料到的事。我们甚至还幻想着，如果够努力的话，也许可以得到一个毫无问题的人生。我们的痛苦就是由我们的无明及内心的暴力结合而成的。心灵的解脱不是一种成就或努力的结果，它是一种洞见。如同加缪所观察到的：压倒性的真相一旦被承认了，就会消失踪影。孔子说："五十而知天命。六十而耳顺。""天命"等于命运（也就是我们所不能控制或避免的事）。知道人能做到什么或不能做到什么，是需要极大智慧的，孔子花了五十年才了解什么是命运。但更难做到的就是真诚地接纳命运的安排——不对抗、不发牢骚、不呐喊。一直到六十岁，孔子才完全臣服于上天的旨意。除非我们也学到这一点，否则我们的内心是不可能真正平和的。

觉知具有转化的威力

开悟的精髓就是承认我们不是全能的。人生中有许多无法掌控或避免的事：老化、生病、意外、失业、人性弱点。虽然这些都是我们不想面对的问题，但真诚地接受它们，才是真正的解脱之道。

认清我们自己的“无能”（powerlessness），其本身就是一种颇具威力的心灵经验。诚如克里希那穆提所观察到的，发现“我办不到”就是一种智慧。觉知如同一把双刃刀：它一方面是我们受苦的因，一方面也是我们获救的种子。人类算是最有觉知的一种动物，但也因此而受了最多的苦。人类的境遇看似悲惨，不过若是能觉察到这一点，情况就会翻转。斯科特·派克（M. Scott Peck）对佛陀所教导的四圣谛非常欣赏：

> 人生是艰苦的。这就是真理，最伟大的真理之一。我们一旦认清了这个真理，就能超越它。真的知道生命是艰苦的——真的理解，并且接受它——人生就不再痛苦了。因为当它被接受时，人生是苦的这个事实就不重要了。

觉知具有转化的威力！如果忙着与人生抗争或企图逃避它，我们就无法真正看清楚它，这时毒蛇就会以无比强悍的姿态出现，我们会再次成为受害者。但毒蛇无法承受觉知的威力。耶稣说过，觉知可以治愈一切。事实上，英文里的“治愈”（heal）与“完整”（whole）具有共同的字根。痊愈指的就是变得整全。如果不先发展出一套整全（holistic）的世界观，人是不可能痊愈的。加缪教我们如何“举起人子”，然后再完整地重生：

> 西西弗斯无言的喜悦全在其中了。他的命运是自创的，巨石便是他的一切。当这个荒诞的人默观他的痛苦时，众神

> 皆无语。在宇宙突然回归寂静的那一刻，令人惊叹的万籁便开始从大地升起。无意识里的秘密召唤，来自不同面孔的邀约，这些都是胜利的代价和必要的逆转。凡有太阳的地方必有影子，但首先要知道黑夜是存在的。

重点是，我们无法与命运分离。我们不该把命运当成是外在的敌人与其抗斗。俗话说，环境造就个人，如果能看到我们整个的人生就是由命运孕育而成，就不难了解与命运抗斗是多么可笑的事，因为我们就是它。并没有一个“我”可以从命运的神奇力量之中分离出来。人类若想解脱，就必须看见我们与自己的命运是同一回事。西西弗斯领悟到，“他的命运是自创的，巨石便是他的一切”，这是个相当整全的看法。当这个完整性被看到时，还要抗斗什么呢？因此，“见”是唯一的真理。因为“见”能带来整全。觉悟到自己的无助并不是一种诅咒，而是伪装之下的一种祝福。这样的智慧是有点荒诞的。只消一丝洞见，深沉的悲观主义意识立即被转化成至乐。加缪已经体验到悟的滋味了。

我是谁？

以悖论的角度来看，大问题永远有办法转变成大契机。毕加索曾经说过：“计算机一点用也没有，它们只能给你答案。”毕加索要表达的是，计算机不知道该如何将问题转化成机会。如用左脑思考的人一样，计算机无法从原本模糊不清的人生境遇里，了悟到事情的多元性而创造出新的选择。20 世纪的天才爱因斯坦曾经发表过以下言论，可以说是对毕加索“计算机一点用也没有”的公案的最佳诠释：

> 明确地陈述一个问题，往往比它的解决方式更重要，因为解决方式也许只是一种数学或实验技巧。提出新的疑惑、新的可能性，以全新的角度审视旧有的论点，是需要一些创意的，同时它也能促使科学真的向前迈进。

禅是一种创新视见的艺术，它把所有的问题彻底重新组合。禅说“当下即是”，意思就是说，如果我们学会从全新的观点来看这个充满烦扰的世界，这个不完美、痛苦、悲伤和污秽的世界，我们会发现它其实就是涅槃。对某些抱持着逻辑与传统心态的人而言，这简直是无法想象的事。他们会问：“怎么可能呢？看看这些人灵魂中的仇恨、愤怒、嫉妒、贪婪与渴望，想一想地球上每一个角落都有人在遭逢苦难。哪里有喜悦？哪里有圆满？”因此他们期待有更美好的一天，他们已经等待很久了，而且还会继续等待……一直到学会“见”的艺术为止。

开悟使得一切等待都静止了下来。这个世界本身就是涅槃，我们的难题就是我们的机会。我们最大的难题到底是什么？对多数人而言，问题就出在人类本身。身为一个凡人，我们有太多限制了，我们无法逃避情绪上的波动、人性的弱点、疾病及死亡，但是我们也不能在尘世的生活之外去寻找解答。关键就在专注于当下的人生，尽管它看起来并不怎么愉悦。耶稣告诉尼哥底母：“我对你们说地上的事，你们尚且不信，若说天上的事，如何能信呢？”尼哥底母的问题是，在尚未了解凡人如何诞生之前，他就提出了灵如何诞生的问题。

我们是从哪里来的？如果不先回答另外一个更基本的问题“我是谁？”是回答不了这个问题的。我就是这副注定要衰老死亡的身体吗？我就是反复无常的思想与情绪吗？人类是动物王国中最有知觉的生灵，但知觉又是什么呢？这个我们所谓的“自我”，难道只是一个包罗了我们所有的思想、记忆、价值和品味的百宝箱吗？我们最先是从哪里获得这些信仰、观念、价值及品味的？这类问题我们问得越多就越明了，我们如此珍爱的“自我”简直是太难以捉摸了。事实上，它并不比风更容易了解：我们不知道“它从哪里来，往哪里去”。如果这个“自我”根本无法在任何地方找到，问题又在哪里呢？诚如拉马纳·马哈希（Ramana Maharshi）所提出的观点，探索“我是谁？”是唯一可以将一切烦恼转为至福的方法。

“我是谁？”这个问题或许无解，但这个问题本身就有治疗的功效。也许问题本身就是解答。

心灵的解脱不是靠智力来解决人生的问题就能达到的。我们必须清楚地看见人生的那些尚未解决或无法解决的矛盾。不是被生命击败，而是去面对它沉重、辛辣的美。解经者约翰·马许觉察到：“这么说并不夸张：在对观（Synoptic）福音书前三经（即马太、马可及路加福音）中，道引导耶稣经历苦难、死亡与荣耀（天国）；在第四福音中，它又将他引至一个受苦、死亡与荣耀同时发生的事件上……受难与解脱用同样的话语说出；失败与胜利、痛苦与荣耀更是形影不离。”

十字架是苦难的象征，一种放下自我的表征、终极救赎的征兆。或许解决的办法永远可以在问题中觅得，能够认清这一点便是解脱。

第六章　镜中天地

佛教徒并不期望克服痛苦，而是成为它的一部分，这样，痛苦就不再是陌生人或敌人了。

——邦尼·麦欧台·崔思（Bonnie Myotai Treace）

神的儿子受难至死，并不意味着人们不再受苦，而是人们的苦难可能和他一样。

——乔治·麦当劳（George Macdonald）

耶稣是神子、弥赛亚、疯人或禅师?

进入禅境有如艾丽丝梦游仙境：我们经常发现里面有许多事是颠倒的，与日常生活中的事大异其趣。在古代，禅师与道人往往被当成疯子或无赖。前面已经探讨过耶稣的幽默、诗和艺术。在这一章里，我们将进入他的逆向世界去探险。

耶稣是人类史上最令人费解的人物之一。当我们解析耶稣与他的教诲时，必定会遇到一个难题：耶稣这个人的来路到底是什么？如同许多诚实与理性的基督徒一样，我对这个问题也困惑了许久。拿撒勒的耶稣真如他的信徒所宣告的是神子吗？或者他和你我一样只是个凡人？这两种说法是不是相斥的？

对许多在基督教家庭里长大的人（包括我自己）而言，耶稣是神乃是天经地义的事。当代的护教者在辩护耶稣的神性时，采用了一种我所谓的“搁置不理”的策略。首先，他们为了投合大众对耶稣的善意，把焦点集中在耶稣的真诚上。第二，他们假设耶稣曾经说过许多直截了当的话，所以他如果不是神子，就似乎太自我中心及狂妄了。第三，他们辩称，若是将这些说法归咎于耶稣的疯癫与不诚实，又与一般大众对他的清明印象相抵触。路易斯对这点做了以下辩答：

> 基督教假设神已经降临到他所创造的这个世界里，降临到了人间……另外的一种假设则非传说、夸词或是鬼魂显灵的现象。前面一种假设若非精神失常，就是撒谎。除非能接受第二种选择（我不能），否则只有转向基督教的这种理论。

所以护教者想要勉强我们做选择，接受耶稣若不是神就是撒谎者或狂人。基于我们对耶稣性格的了解，第二种选择显然是不足取的。

最大的问题就是：这些对耶稣性格的描述，譬如神、撒谎者或狂人等，难道是唯一的选择了吗？护教者是否将事情过度简化了？依我看来，他们迫切地想要维护耶稣的神格，却轻忽了一些事实：耶稣曾经公开否认独占“神子”的头衔，也不承认自己拥有特殊的神性。某些证据显示，耶稣只是把“神子”这个名称当作是一个总称。事实上，根据《约翰福音》第 10 章 34 至 36 节，

耶稣曾经辛苦地向别人解释过这个名词的意义,《诗篇》作了以下这段权威的论述:

> 我曾说:"你们是神,
> 都是至高者的儿子。
> 然而你们要死,与世人一样;
> 要仆倒,像王子中的一位。"
>
> (《诗篇》第 82 章 6 至 7 节)

但是耶稣非常清楚,"神子"也可以用来象征一种特殊而蒙恩的身份——弥赛亚的身份。当人们以这种特殊的方式来使用这个名词,并且询问耶稣是否承认他就是弥赛亚,他象征性地给了一个模糊的答案。以下是耶稣被审判,并且被要求表露他的真实身份时,所记载下来的文字:

> 天一亮,民间的众长老连祭司长带文士都聚会,把耶稣带到他们的公会里,说:"你若是基督,就告诉我们。"耶稣说:"我若告诉你们,你们也不信;我若问你们,你们也不回答。从今以后,人子要坐在神权能的右边。"他们都说:"这样,你是神的儿子吗?"耶稣说:"你们所说的是。"(《路加福音》第 22 章 66 至 70 节)

请留意,耶稣的回答是:"你们所说的是。"当然,这与直截了当地回答"我是"很不一样。就连小学二年级的学生都知道它们的不同。"你们所说的是",显然是一个很含糊的答案,但是犹太权威当局却把它当作“是”，并将它视为判刑的依据。《圣经》学者凯尔德（G. B. Caird）对这个事件有深入的解释：

> “你是弥赛亚吗？”起初耶稣拒绝回答；“弥赛亚”是一个暧昧的字眼，而他很清楚法庭是毫无兴趣讨论定义的……尽管如此，耶稣最后还是回复了一个隐晦的答案，审问人却把它当成是一种默认。

我发现在圣典的记载中，许多有关耶稣神性的证据都被错误地解释了，就像以上的例子一样。另外一个例子则是，耶稣宣告“我与父是一体的”。许多人把这句话也当成是证明耶稣神性的另外一个根据，不过它同时也可以用来隐喻耶稣内心充满灵性时的一种祥和与诗意，因为他已经与一切万有合一了。

因此，把耶稣看成是神、撒谎者或是精神失常的人并不是唯一的选择。还有另外的第四种选择：把他看成是一位用神秘的悖论来教诲人的开悟导师（拉比或禅师）。

从禅的观点来看耶稣

路易斯将诠释耶稣的工作比喻为：只掌握了小说的部分情节，却想推敲出整个故事。如果有人突然宣称他已经发现了那遗失的部分，这时我们又该把这份“发现”当成什么呢？路易斯建议用以下的原则来执行：

> 如果发现的人认为这新的章节具有重要性，那么我们的

工作就是去审视它是否能阐释及辉映其他部分，将其他部分串联起来。这样我们就不会犯太大的错误。但如果这新的章节是赝品的话，那么不管它第一眼看起来有多么吸引人，在长时间的审视之后，我们仍然会逐渐发觉它很难与其他部分协调一致。但如果它是真实不虚的，我们就会有一种聆听新的乐章、阅读新章节的感觉，好像这整部经典过去被我们忽略的所有细节，现在全都有了解答和意义。虽然新的章节或主题本身有其难解之处，但如果能不断地破解其他部分的困难，我们仍然可以相信它是真的。

如果从禅的观点来看耶稣，也许就能补足历史耶稣的不足之处。其实我们已经发现，禅很成功地为耶稣那些隐晦的话语找出了意义。我们也会继续看到禅解开了环绕着耶稣的许多奥秘，包括他是如何击溃死亡的。禅的观点不仅符合路易斯所说的前后一贯的标准，也提供了许多启发性的洞见，这些洞见都可以当作我们心灵解脱的基础。

现在让我们来看看，为什么禅的观点可以拿来解释基督教的主题——耶稣复活的故事。耶稣战胜了死亡，这可能是基督教最重要的讯息了。圣保罗曾经说过："基督若没有复活，你们的信便是徒然，你们仍在罪里。"（《哥林多前书》第 15 章 17 节）耶稣肉身复活这件事到现在仍然在争辩中，不过许多人都同意，耶稣死后不久，他的门徒在行为上确实有了很大的转变。他们以相当惊人的定力来承受各种困境、迫害及苦难。彼得从背弃者转变为见证者及殉教者就是一个贴切的例子。

复活节的意义重大，因为它代表人类战胜了死亡。不过，用禅的语言来解释这个胜利，却需要花点工夫，因为禅的观点不是超自然的。然而禅并不排斥超自然的现象，它只是特别强调“平常中的奇迹”。如果耶稣实际上并未起死回生，那么我们又该如何解释门徒的勇气和行为上的转变呢？

为了厘清这一点，我们对耶稣的镜中天地必须有充分的了解。从以下这段约翰福音的摘录中，我们可以很清楚地看到这一点：

“等不多时，你们就不得见我；再等不多时，你们还要见我。”几个门徒就彼此说：“他对我们说：‘等不多时，你们就不得见我；再等不多时，你们还要见我’；又说：‘因我往父那里去。’这是什么意思呢？”门徒彼此说：“他说‘等不多时’到底是什么意思呢？我们不明白他所说的话。”

耶稣看出他们有话要问他，便说道：“我说‘等不多时，你们就不得见我；再等不多时，你们还要见我’，你们为这话彼此相问吗？我实实在在地告诉你们，你们将要痛哭、哀号，世人倒要喜乐；你们将要忧愁，然而你们的忧愁要变为喜乐。妇人生产的时候就忧愁，因为她的时候到了；既生了孩子，就不再记念那苦楚，因为欢喜世上生了一个人。你们现在也是忧愁，但我要再见你们，你们的心就喜乐了；这喜乐也没有人能夺去。到那日，你们什么也就不问我了。我实实在在地告诉你们，你们若向父求什么，他必因我的名赐给你们。向来你们没有奉我的名求什么，如今你们求，就必得着，叫你们的喜乐可以满足。”

“这些事，我是用比喻对你们说的；时候将到，我不再用比喻对你们说，乃要将父明明地告诉你们。到那日，你们要奉我的名祈求；我并不对你们说，我要为你们求父。父自己爱你们；因为你们已经爱我，又信我是从父出来的。我从父出来，到了世界；我又离开世界，往父那里去。”

门徒说：“如今你是明说，并不用比喻了。现在我们晓得你凡事都知道，也不用人问你，因此我们信你是从神出来的。”耶稣说：“现在你们信吗？看哪，时候将到，且是已经到了，你们要分散，各归自己的地方去，留下我独自一人；其实我不是独自一人，因为有父与我同在。我将这些事告诉你们，是要叫你们在我里面有平安。在世上，你们有苦难；但你们可以放心，我已经胜了世界。”（《约翰福音》第16章16至33节）

耶稣的“死亡公案”

我们知道耶稣在暗示自己的死亡。虽然说了这个不吉利的话，但耶稣结束这段特殊的教诲时却用了很正面的注语：“在世上，你们有苦难；但你们可以放心，我已经胜了世界。”很讽刺的是：当耶稣说自己已经克服了世界的那一瞬间，他知道死亡已经迫在眉睫。他也预测门徒会有根本上的改变，因为他说：“你们的忧愁要变为喜乐。”

为了诱导学生开悟，禅师通常会给学生公案当作“家庭作业”。前面提过，公案就是一种冥想的对象。有些公案是古典的，而且流传了一代又一代。“死亡”是其中一个古典而有力的公案，因为它与生命存在的意义攸关。大多数人对思索死亡这个主题会觉得不舒服，不管是自己或所爱之人的死亡。正因为这个公案强烈地激起了人们的焦虑，所以才具有诱发灵性觉醒的潜能。

在《约翰福音》中耶稣说道，“我已经胜了世界”，这句神秘的话语究竟是什么意思，它就是我所指的“耶稣的死亡公案”。这或许是他整个教诲中最重要的一则公案。如果真的了解了这则公案的秘密，就表示我们已步上了耶稣的“不死”之道。

死亡公案能帮助我们觉察到存在的焦虑，并能突显出人性的脆弱。理智上我们都知道自己难免一死，但是对大多数人而言，理智的事实与心理的真相之间，往往存在着极大的矛盾。在心理上，我们总是极力否认死亡，如果不这样的话，那么当医生宣告我们感染了某种恶疾，而且在几个月内将会死亡，我们应该不感觉惊讶。所以灵性上的觉醒不但要认清死亡是必然的，而且在心理上也接受这个事实。

为了认清楚耶稣的死亡公案，我们必须先研究一则有名的禅宗公案，“不幸的旅人”：

> 一名旅人经过一片空旷的野地，遇上了一只老虎，他拔腿就逃，老虎却穷追不舍。他来到一个断崖边，抓住了一根野藤，将自己悬吊在崖边。老虎在崖上往下闻着他的气味。旅人浑身颤抖地往下一瞧，不远的地面上有另一只老虎正等着吃他。支撑着他的只有这根藤子。
>
> 这时出现了两只老鼠，一只白、一只黑，他们沿着藤子一点一点地啃了起来。这时旅人看见附近有一颗香甜的草莓。他一手抓着藤子，一手去摘草莓。那草莓的味道真是无比的甜美！

看出这则故事与耶稣的死亡公案有什么相似之处吗？这其中的主要洞见是什么？

那名旅人是不是有点像你和我？我们被死亡追赶的模样，不就像旅人被老虎追逐一样吗？而这两只一黑一白的老鼠，不就象征着黑夜与白昼的循环吗？毫无疑问，这则故事其实是以一种诗的方式，来阐述人对生存问题的焦虑。如同旅人一般，我们的生命也只靠着一根细细的藤子悬吊在空中。活在一个不确定的世界里，我们只知道死亡是确定的，却不知道大限到底什么时候会降临。事实上，我们每天都在一步步地趋近死亡。在这种情况之下，你会做什么呢？

我们还可以进一步将这则旅人的公案简化为一个问题："当你什么事都不能做的时候，你还能做什么？"真相是，这个不幸的旅人并没有任何选择。对他而言，比较合乎逻辑而且真正能做到的事，就是享受当下这一刻，不管这一刻有多么短暂。如果我们确实知道死亡是不可避免的，那么又何须再担忧呢？为什么要让生命变得更加悲惨？以下的答案可能是最合乎逻辑、最明白不过的了。就因为死亡是命定的，所以我们才应该竭尽所能地领悟人生。矛盾的是，正因为死亡这件事毫无选择，我们反而拥有了更大的内在自由。有一个出人意料的答案，回应了"当你什么都不能做的时候，你还能做什么？"那就是：什么都不能做，也什么都能做！

一点也不错，这确实是一种不太合理的智慧。我们现在终于发现耶稣之所以欢庆的秘密：死亡原来是一种伪装的幸福！真诚地接受死亡这个真相（也就是真的无望了），能使我们通达解脱与祥和。加缪敏锐地观察到："死亡有一双罗马贵族的手，当它瓦解一个人的同时，也解放了那个人。”

把死亡当成禅与美的导师

其实加缪《局外人》中的荒诞英雄跟耶稣是十分相像的，他已经接受自己是个被判死刑的人，只有几天好活了，但是突然之间，他发现生命变得丰富了起来。事实上，快乐与荒诞是不可分的。荒诞的智慧指的就是，没有什么比全然绝望更令人宽心及充满希望了。加缪故事里的主人翁墨尔索（Meursault）被执刑的前一刻，忆起了他母亲生命的最后一天：

> 现在我似乎可以了解，为什么她在生命终止之前有了“未婚夫”；为什么她在玩一个重新开始的游戏……死亡那么近，母亲一定觉得自己就像个濒临解脱的人，已经准备好重新再活一次了。没有任何人，世上没有任何人有权利为她哀泣。

或许你会认为把死当成解脱的想法太特异了，但是有许多在临终病房工作的医生都可以为这个真理作见证。若西·雷蒙医生（Dr. Rachel Naomi Remen）罹患了痼疾，已经动过好几次大手术，她是加州波力那市（Bolina）癌症救援组织的总医师。她与我们分享了以下的洞见：

> 严重的疾病会让你开始思考自己的生活方式，以及什么才是最重要的事。你整个的价值观都会因此而改变。有人对

我说过重病的感觉就像早晨被闹钟唤醒了一般……我想这就是癌症在人们身上所造成的作用："我的耳朵清醒了、眼睛睁开了……"我们只是凡人，并不是特殊的一群人，我们会感到恐惧、孤独与受伤，不过我们还是具有成长及应付危机的能力。如果你能甘心做个凡人，一定会拥有这份能力的。

死亡的逼近可能真的具有治疗效果。某个癌症病人说明了她的病如何使她的生活变得井然有序：我认为癌症对我而言是极大的祝福。经由它我学到了许多处理生活的方法，也学会了如何向人倾吐我的感觉，如何丢掉生命中的垃圾，使生活过得更充实一些。

死亡在我们的文化中往往被当成是一种禁忌，所有医学上的努力都在对抗这个自然的法则。然而死亡也有它美的一面。侘寂（Wabi-sabi）是日本的一种美学文化，与茶道（日本茶的艺术）及禅的渊源很深。根据李欧纳·柯仁（Leonard Koren）的说法，侘寂是"一种不完美、不恒久以及未完成的美。那是一种素朴、谦逊、非传统式的美。"或许死亡便是神的侘寂。有一个五十岁的女人，她做过双乳的切除手术，却把死亡当成了禅与美的导师。她大声疾呼死亡如何为她的生命带来了朝气：

得癌症之后，我才真的开始去关注每一口呼吸的珍贵，注意每一个念头出现的那一刹那，直到我看见刹那即是全体。我其他的老师只会给我意见，癌症却使我直接体验到我的生命。癌症的出现使我领悟到，死亡前的重生是由我来决定的。

死亡是我们存在焦虑的根本原因，也是治愈存在焦虑的根本方法。或许你会认为这只是现代哲学家想出来的疯狂逻辑，但是我必须指出，路易斯也有相似的结论：

> 死亡一方面代表了撒旦的胜利、对人类堕落的惩罚以及人类最后的敌人……如果从另一方面来看，其实只有那些失去生命的才能保全生命。我们因基督的死而受到净化，这也就是我们堕落的补偿。死亡便是某些现代人所谓的“矛盾的心态”。它既是撒旦，也是神的重要武器：它是神圣的，也是邪恶的；是我们至高的耻辱，也是唯一的希望；是基督所征服的，也是他用来征服的武器。

心灵解脱就是接受存在最终极的无拣择性——死亡

耶稣因接受死亡而击溃了死亡，可以说是真正的奇迹。我们大多数人所以会如此受死亡的宰制，是因为潜意识里我们根本不接受这个事实。我们仍然暗自期待它不会来临，而这就是我们最深的存在焦虑。当我们企图逃避我们的焦虑时，就会向外追求各种的“快乐”：金钱、感官的享乐、权力、地位。但我们若是无法诚实地接受死亡这个事实，那么这些逃到“快乐”之中的旅游，便成了暂时的止痛剂。死魔不会因此而消逝，它会不断地回来，要你接受它。

耶稣宣称“我已经胜了世界”，因为他已经看到世间是没有未来的；未来就是死亡。他几乎可以看见自己被交到执刑者的手中。他变得完全无望（如果以诗的角度来看，这句话的意思应该是他“臣服于神的旨意之下”)。然而这件事的美就在于，这种彻底绝望的情况还是有可能翻转为天国，只要他接受自己的命运，并且真的放下了。记得我们在前一章介绍的心理转化吗？耶稣一旦了知死亡是不可避免的，便立即得到了内在的自由。世间的一切再也不可能使他焦虑了。真的，他征服了世界！在解脱的矛盾世界里，放下便是胜利。

心灵的解脱就是接受存在最终极的无选择性——死亡。我认为这就是耶稣的门徒最后所发现的真理，这也可以解释为什么他们在行为上会有如此巨大的转变。接受就是“平常中的奇迹”最重要的基础之一。路易斯提供了以下的洞见：

> 但是将死刑转为永生的方法，除了在它负向的防卫作用上增加正向的拯救作用之外，还需要进一步地接受死亡。人性必须自在地拥抱死亡，全然谦逊地顺从它，并将它一口饮尽。如此才能将其转变成神秘的入灭，也就是生命最深的奥秘。

同样地，逆向法则也可以用来处理缺乏安全感的问题。在登山宝训中，耶稣要门徒不必为他们的生命担忧（《马太福音》第6章25节)。为了消除这份忧虑，耶稣要他们“先求他的国和他的义”。在另外一段内文里，他更进一步地解释了这句话的意思：

> 我实实在在地告诉你们，一粒麦子不落在地里死了，仍旧是一粒；若是死了，就结出许多子粒来。爱惜自己生命的，就失丧生命；在这世上恨恶自己生命的，就要保守生命到永生。(《约翰福音》第12章24至25节)

这个洞见现在已经很清楚了。如同艾伦·沃茨所指出的，缺乏安全感是因为极力求取安全的结果。那些对自身的安全过度敏感的人（爱惜自己生命的人）无法真正地生活，因为他们已经成了恐惧的奴隶。相反地，那些接受不安全为生命真相的人（在这世上恨恶自己生命的），却能将他们的担忧放在一边，自由自在地活着。放弃自我就是接受真相的终极表现，如同那粒麦籽一样。很讽刺的是，人一旦能拥抱他的不安全感，真正的平和就会从心中生起。逆向法则告诉我们，若想过真正的生活，就不能执着于自己的性命。耶稣在“严厉的主人”的寓言里，教导了以下这个法则：

天国又好比一个人要往外国去，就叫了仆人来，把他的家业交给他们，按着各人的才干，给他们银子：一个给了五千，一个给了二千，一个给了一千，就往外国去了。那领五千的随即拿去做买卖，另外赚了五千；那领二千的也照样另赚了二千；但那领一千的去掘开地，把主人的银子埋藏了。

过了许久，那些仆人的主人来了，和他们算账。那领五千银子的又带着那另外的五千来，说：“主啊，你交给我五千银子。请看，我又赚了五千。”主人说：“好，你这又良善又忠心的仆人，你在不多的事上有忠心，我要把许多事派你管理，可以进来享受你主人的快乐。”那领二千的也来，说：“主啊，你交给我二千银子。请看，我又赚了二千。”主人说：“好，你这又良善又忠心的仆人，你在不多的事上有忠心，我要把许多事派你管理，可以进来享受你主人的快乐。”那领一千的也来，说：“主啊，我知道你是忍心的人，没有种的地方要收割，没有散的地方要聚敛。我就害怕，去把你的一千银子埋藏在地里。请看，你的原银子在这里。”

主人回答说：“你这又恶又懒的仆人，你既知道我没有种的地方要收割，没有散的地方要聚敛，就当把我的银子放给兑换银钱的人，到我来的时候，可以连本带利收回。夺过他这一千来，给那有一万的。因为凡有的，还要加给他，叫他有余；没有的，连他所有的也要夺过来。把这无用的仆人丢在外面黑暗里，在那里必要哀哭切齿了。”（《马太福音》第25章14至30节）

第三个仆人被罚并不是因为偷懒，而是因为他粗糙的判断及保守的态度。事实上，这个保守的仆人很正确地看到生命充斥着危险，但是却做了错误的决定。他一看到金钱可能会损失，就不想做任何投资了。但正确的逻辑却是，不管我们做什么，生命总是充满着危险的，我们对资金的运用应该大胆一点。有一句歌词是众所皆知的，“一颗害怕受伤的心是不懂得爱的”。再次，逆向法则又获得了印证。

活得充实与快乐的奥秘就是：活在危机四伏、险象环生之中！

很显然，那名严厉的主人就是生命的另一种隐喻，如同前一章所讨论过的毒蛇一样。人生的确是艰困而危险的。不仅如此，它迟早会终止，阴森的索命者一定会出现。不过，这并不表示我们就得活得战战兢兢。如果危险怎么样都避免不了的话，我们就应该勇敢一点，偶尔蓄意地冒点险才合乎逻辑。我们不该像保守的仆人一样从生命中退缩下去，而是将生命发挥到极致。所以耶稣做出了结语：“因为凡有的，还要加给他，叫他有余；没有的，连他所有的也要夺过来。”意思是说，我们越是接受人生的不确定性，生命反而越丰富。耶稣的洞见与尼采大哲的箴言交互共鸣：“活得最充实最愉悦的秘密就是：活在不安全之中！”

活在不安全之中，并不表示要愚蠢地去冒险，而是要接受生命不安全这个事实，并且要活得平静，而不是活得神经过敏。活在不安全中本来就是早期的一些基督徒的生活方式。

到目前为止，耶稣并没有对世界抱持着什么乐观的看法。世界的确是非常可悲的：因为死亡是命定的，生命是脆弱的，到处都充斥着危险。人类是极为有限的生物。这些都不是我们想要的情境。因此，我们注定得活在“存在的无选择性”中。

既然知道病痛、危险、最终的死亡等问题是不可避免的，我们就不该去做那不必要的抗争。学会把一切交给神，放弃不必要及无效的抗斗与恐惧，我们才能放松，享受眼前的这一刻。矛盾的是，我们一旦觉知到存在的无选择性，内在深刻的自由感就会油然而生。这便是解脱了。哲人弗里德里希·恩格斯说，“自由就是认清生命之中的必然性”。于是我们得到了一个最深奥的逆向法则：生命是悲惨的，但是又美妙极了！或许正因为生命经常是可悲的，所以才会如此美妙。

开悟不是一种成就，而是如实见到了宇宙的真相

看着镜中的宇宙而不被它的美所迷惑是很难的事。为什么当

事情显得如此“不对劲”时，却又如此的“顺理成章”？有位禅师曾经说过，“从一开始，万物就一直在涅槃中”。艾伦·沃茨提供了一段对开悟经验的极佳描述：

> 开悟的那一刹那，人会生起一股无法抵抗而又鲜活的确定感，眼前如实存在的宇宙，不论是它的整体或局部，都显得那么正确无误，既不需要解释，也不需要辩护。存在这时已经不再是个问题；心为事物不证自明、自给自足的妥当性而大吃一惊。包括那些原本被视为最糟的经验，这时都找不到够分量的词汇来形容它的完美。

开悟不是一种成就，而是见到了事物的真相。其实涅槃只是“如是”罢了。我们终生都在看着它，却很少有人领略到它。生命确实是既可悲又美妙的。当我们觉悟到生命那幽默与荒诞的美时，除了忍不住大笑之外，还能做什么？我所能想到的只有耶稣在十字架上大笑的模样。

总结来说：“接受”便是开启灵性之钥。接受“存在的无选择性”（了解生命中有许多事不是我们可以控制的），将会引导我们进入内在的自由。接受不安全就是生命的真相，自然会带来内心的宁静，诚心接受死亡是无法逃避的一件事，人生会因此而更丰富。这些都是耶稣教诲中的禅慧，它们是根据逆向逻辑而运作的。

第七章　当下地狱

天国近了，你们应当悔改！

——耶稣

天堂比凉鞋上的带子离你更近，火也是一样。

——穆罕默德

地狱只是对天堂的一种赞美罢了

地狱是一个恐怖阴森的地方，这是众人所认定的事。虽然如此，人类的心智还是为它编织出了如万花筒般的娱乐故事。那么就让我们来谈谈地狱之火、蠕动的虫以及怪物之类见不得人的东西吧！但是不要灰心，因为这个故事会有一个惊人的结局。

虎豹别墅是香港最有名的游览区之一。里面的墙上有许多中国民间故事的鲜明彩绘，包括几幅描写十八层地狱的图片，看完之后令人不禁毛骨悚然。画面显示了各种血淋淋的细节：人被活生生地剥皮，放在油锅里煎煮……我一直很怀疑，墙上为何没有同样详细的图画来描绘天堂的欢乐景象。其实天堂如果被描绘出来，通常会被装点成一个淡而无味的福地。艾伦·沃茨发现在基督教的意象（Christian imagery）里也有类似的模式：

> 在基督教的意象里，对天堂的描绘是非常模糊的，但是对地狱的描绘却是惊人地详尽。天堂中的人总是毫无变化地那么端庄与沉闷，而地狱则是一大群人扭在一起集体杂交的景象（writhing orgy）。

路易斯在他的《大分离》（*The Great Divorce*）一书中写了一段故事。地狱中的一群人被允许到天堂去游览，虽然他们觉得天堂是一个令人愉悦的地方，却选择无论如何都要返回地狱去。天堂在公开竞赛中输了，原因是那个地方毫无“乐趣”可言；那些有潜力移民的人都无法忍受那里的无聊。天堂强调的是爱与平等，在地狱里竞争及自我才是重点。地狱对大多数人而言，似乎是一个比较有趣的地方，因为它提供了一种满足自我的机会。路易斯对地狱作了以下的描述：

> 地狱是一种状态，在那儿每个人永远只关心自己的尊严与进展，每个人都是牢骚满腹，每个人都活在极端严重的嫉妒、自我中心与愤恨的情绪里。

地狱是“严肃”的。它与个人尊严、自我进展、自我中心和自我满足息息相关。天堂无法与其竞争，因为它没有这些“可口的东西”。事实上，许多人都下意识地对地狱有一种迷恋，或许这就是为什么世界会如此可悲的原因了。

重点是，地狱中的人是自己选择留在那里的。路易斯为这些居所的内在偏好做了一些诊断：

> 我深信这些堕入地狱的人从某方面来看是成功的，因为他们的反叛已经到底了；地狱的门是从里面上锁的。我的意思是，恶鬼可能并不想脱离地狱，如同那些善妒的人只是隐隐约约地“想要”快乐一样。他们连最初阶的放下自我都不甘愿，所以他们的灵魂根本无法理解良善是什么。他们永远享受着自我的令人战栗的自由。

萨特讲过一则故事。有三个人死后堕入了地狱，他们很惊讶地狱里竟然没有刑具。后来他们才发现，原来他们就是彼此的地狱。对萨特而言，他人就是你的地狱。

这些小故事虽然绝妙，却没有道出最终极的秘密：地狱早就在眼前了！

有关地狱的秘密

地狱的第一个秘密是：它就在当下。这并不是一句笑话。也许你无法立刻明白它的意思，但神的国一旦讨论完了，地狱也就没什么好谈的了。因为地狱只是对天堂的一种赞美罢了。换句话说，凡天堂以下的皆是地狱。基督教传统一向认为，天堂与地狱乃是实相的两种互斥的状态。虽然这句话暗示了内在实相的两端，但这种二分法还是有许多瑕疵，不过它的确帮我们简化了一些概念。

天堂与地狱在当下就可以找到。耶稣与施洗约翰都说过，

"天国近了"。先知穆罕默德对这一点描述得最清楚，他说"天堂比凉鞋上的带子离你更近；火也是一样。"

显然，没有一样东西比我们的心更接近我们！要想体验天堂或地狱，完全取决于我们自己的态度及价值观。路易斯认为，能否放弃自我（臣服于神）才是最重要的因素。如果以禅的语言来说，就是以柔软的态度来对待生命。你或许还记得，特玛·汤普森因为采取了正面的态度来面对现实，所以才将地狱化为仙境。另外还有一个例子：有两个推销员被指定到落后地区去销售鞋子。其中一个非常烦恼，他认为鞋子一定很难销售出去，因为那里的人根本不穿鞋；另一个人对这个机会却感到喜出望外，他认为没鞋穿的人才可能为他带来上百万的生意！

地狱的第二个秘密是：与一般人的想法刚好相反，地狱并不是一个永无出期的受苦之地。无间地狱这个概念是很可怕的。诚如路易斯所指出的，地狱的教义"就是基督教为什么会被人斥责为未开化的宗教的原因，甚至连神的良善也遭到了抨击。""永远的惩罚"这个概念与神无限的爱显然是大相径庭的，它确实冒渎了神。在路易斯自创的故事里，地狱的门是敞开的，对我而言，他的观点反而比较能使人信服。斯科特·派克表达了类似的看法：

> 我对地狱的看法与路易斯完全相同。我认为地狱之门是敞开的。人们可以自由地离开那里，他们之所以陷在地狱里，是因为他们选择了不离开。我实在无法接受以下这种说法——地狱是神惩罚人的地方，那里没有任何希望，灵魂将永远被摧毁而毫无救赎的机会。神不可能千辛万苦地创造出复杂的灵魂，最后却把他们推下油锅。

耶稣谈过永恒的生命，但是却从未谈及永恒的死亡。无间地狱的神话是由两种东西制造出来的：一是报复之心；二是缺乏诗与文学的素养。区别永恒（eternity）及永久（perpetuity）是很重要的。我们在第三章中曾经讨论到，永恒是心理时间的消逝，而非真实时间的无限延伸。田立克（Paul Tillich）也有类似的看法：

> 区别永恒及永远是必要的事。永恒这种神圣的生命质量，不可能属于一个已经脱离神圣本体、被定罪的存有。当神圣的爱终止时，存在也终止了；至于被定罪这件事，也只是意味着这个受造物必须面对它所选择的不存在——然而，当我们谈到永远或无止境的罪，我们就是在肯定一种非暂时性的暂时存在期。这个概念的本质就是矛盾的。

因此，这个问题的重点就在于，大多数人都认为永恒就是时间的延伸，传统概念里的天堂与地狱，是共存在一条无限延伸的线形时间上的，这个概念应该是错的。路易斯为有关地狱的几何学做批注时曾经说过：“那些迷失的灵魂都固着在他们凶残的心态上，这一点我们是毋庸置疑的；但这种永恒的固着性是暗示着永无止境的存在期，还是真有存在期这回事，就很难说了。”我们已经了解天国就在当下。如果地狱是在天国之外，我们就可以下一个符合逻辑的结论，它也存在于永恒的当下。

地狱的第三个秘密是：它是由我们的思想所创造的。魔王撒旦不想让我们知道，原来地狱的出身并不高，它的起源也只是一个无害的念头：“我希望快乐能延续到明天。”地狱就是由这个小小的念头造成的，恐惧随之而生。在我们想确保快乐的企图里，一定含藏着占有欲，而且我们会竭尽所能地排除一切障碍，去获得明日的快乐。如此一来，恐惧、瞋恨、暴力的循环就开始了。这就是一切罪行的来源：在背后中伤别人，在办公室里要政治手段，抢劫、谋杀等等行为。

所以，地狱可以说是无法活在当下所造成的结果。路易斯曾经借着小说的形式，透过两个恶魔的对话来表达他的看法：

> 我们的任务就是要让他们（人类）远离永恒及当下——最好是让他们活在未来。生理上的需要会使他们的情感朝着这个方向发展，所以一想起未来就会燃起希望与恐惧之火。此外，未来是他们所不知道的，因此促使他们思考未来，就可以让他们陷入幻觉中。简而言之，未来在一切事物中，是最不像永恒的——几乎所有的恶行都根植于未来。感恩是回顾过往的，爱则是属于当下的；恐惧、贪婪、渴望和野心却永远属于未来。

若是把注意力放在未来，我们的焦虑将会永无止境。耶稣把地狱描绘成"在那里，虫是不死的，火是不灭的"（《马可福音》第 9 章 48 节）。他的隐喻似乎直接来自先知以赛亚：

> "他们必出去观看那些违背我人的尸首，因为他们的虫是不死的，他们的火是不灭的。凡有血气的都必憎恶他们。"（《以赛亚书》第 66 章 24 节）

在《旧约·以赛亚书》这个章节里，对自然象征性的描述更加显著。火与虫不是地狱用来屠刑的外在工具。先知以赛亚采用“蛀食他们尸体的虫永远不死”和“焚烧他们的火永不熄灭”的说法来传递一个讯息：痛苦是来自内在的。地狱中的火与其他的火不同，因为它发自内在，所以不会止熄。除非有办法探入内在的火源，否则是无法扑灭它的。

同样地，“虫”也是一个恰当的隐喻，因为它是从内部啃吃起的。它是不死的，因为它的养分取自于我们的内在世界。在这里，“死者”指的是心灵之死，它不断地遭受自己的贪念、欲望、愤怒和嫉妒的折磨而不得平静。对那些具有灵性的人而言，心灵之死是非常悲哀的一件事。因为他们活得如同行尸走肉一般，不断地被内在的痛苦所折磨，而且对内心的天国一无所知。

佛陀也用火的象征来描述人的境遇。在著名的火宅训诫里，他告诉弟子说，眼、耳、鼻、舌、身、意（佛教徒的六识）都燃烧着贪念、欲望、瞋恨及妄想之火。

耶稣是禅师，他对地狱的死亡之舞及怪诞的丑陋景象没什么兴趣。我们必须记住，“火”与“虫”是我们的心所创造出来的。

地狱的第四个秘密是：由于缺乏觉知，地狱才会被创造出来。地狱另外一个别名叫作“外边的黑暗”（outer darkness）。在婚宴的寓言里可以看到这个说法：

> 耶稣又用比喻对他们说：“天国好比一个王为他儿子摆设娶亲的筵席，就打发仆人去，请那些被召的人来赴席，他们却不肯来。王又打发别的仆人，说：‘你们告诉那被召的人，我的筵席已经预备好了，牛和肥畜已经宰了，各样都齐备，请你们来赴席。’那些人不理就走了；一个到自己田里

去；一个做买卖去；其余的拿住仆人，凌辱他们，把他们杀了。王就大怒，发兵除灭那些凶手，烧毁他们的城。于是对仆人说：'喜筵已经齐备，只是所召的人不配。所以你们要往岔路口上去，凡遇见的，都召来赴席。'那些仆人就出去，到大路上，凡遇见的，不论善恶都召聚了来，筵席上就坐满了客。

王进来观看宾客，见那里有一个没有穿礼服的，就对他说：'朋友，你到这里来怎么不穿礼服呢？'那人无言可答。于是王对使唤的人说：'捆起他的手脚来，把他丢在外边的黑暗里；在那里必要哀哭切齿了。'因为被召的人多，选上的人少。"(《马太福音》第22章1至14节)

参加喜宴而未穿着适当的服饰，确实是一种漫不经心的表现。如果照字面上来读这个故事，可能会产生误导。漫不经心的人就是对现实不敏感的人。如果缺乏觉知，大概也很难看见可以使人解脱的真理。因此，"外边的黑暗"指的是"半睡半醒的大地"，那儿囚禁了一些灵魂已死的人。专注乃是进入天国的重要条件，因为它就是心灵觉醒的基础。类似的教诲也在十个少女的比喻中出现过：

那时，天国好比十个童女拿着灯，出去迎接新郎。其中有五个是愚拙的，五个是聪明的。愚拙的拿着灯，却不预备油；聪明的拿着灯，又预备油在器皿里。新郎迟延的时候，她们都打盹，睡着了。半夜有人喊着说："新郎来了，你们出来迎接他！"那些童女就都起来收拾灯。愚拙的对聪明的说："请分点油给我们，因为我们的灯要灭了。"聪明的回答说："恐怕不够你我用的；不如你们自己到卖油的那里去买吧。"她们去买的时候，新郎到了。那预备好了的，同他进去坐席，门就关了。其余的童女随后也来了，说："主啊，主啊，给我们开门！"他却回答说："我实在告诉你们，我不认识你们。"所以，你们要警醒；因为那日子，那时辰，你们不知道。"（《马太福音》第 25 章 1 至 13 节）

地狱的第五个秘密是：它就是一般人的常态。油灯时常被拿来当作觉知的象征，这个故事说明了开悟是无法意料的一件事。许多人失去开悟的机会，是因为他们不够警醒。在婚宴的寓言里，那些无法参加喜宴的人都是平凡人，他们只是庸庸碌碌地活在未来。他们对于神的邀约不予理会，只顾着为每天的琐事而忙碌。因为他们认为，工作谋生比去宴会里欢庆嬉戏重要多了。换句话说，他们太"严肃"了。

地狱并不是犯罪所造成的结果。大多数的地狱众生都是无辜的。十个少女的比喻已经清楚地指出，那愚笨的少女所犯的唯一的"罪"就是不注意细节：她们忘了多带点燃灯的油。若是把她们当成罪犯，未免太荒唐了一点。"外边的黑暗"指的并不是一个实存的地牢，耶稣只是用一种诗意的手法来表现人类悲剧发生的原因——只因漫不经心或是对次序先后的判断有误而错失了天堂的欢乐。

现在我们应该明白为什么我们对地狱比对天堂熟悉。因为我们就是一群住在地狱里的居民！它就是我们的常态。所以耶稣才说："因为被召的人多，选上的人少。我们之中到底有多少人是觉醒的呢?

地狱的第六个秘密是:它并不是一种惩罚。我们受地狱之苦是因为欠缺觉知之心,而不是因为触犯了一个好报仇的神。浪子的比喻对这点阐述得非常清楚:

耶稣又说:"一个人有两个儿子。小儿子对父亲说:'父亲,请你把我应得的家业分给我。'他父亲就把产业分给他们。过了不多几日,小儿子就把他一切所有的都收拾起来,往远方去了。

在那里任意放荡,浪费资财。既耗尽了一切所有的,又遇着那地方大遭饥荒,就穷苦起来。于是去投靠那地方的一个人,那人打发他到田里去放猪。他恨不得拿猪所吃的豆荚充饥,也没有人给他。他醒悟过来,就说:'我父亲有多少的雇工,口粮有余,我倒在这里饿死吗?我要起来,到我父亲那里去,向他说:父亲!我得罪了天,又得罪了你,从今以后,我不配称为你的儿子,把我当作一个雇工吧!'

于是起来,往他父亲那里去。相离还远,他父亲看见,就动了慈心,跑去抱着他的颈项,连连与他亲嘴。儿子说:'父亲!我得罪了天,又得罪了你,从今以后,我不配称为你的儿子。'父亲却吩咐仆人说:'把那上好的袍子快拿出来给他穿,把戒指戴在他指头上,把鞋穿在他脚上,把那肥牛犊牵来宰了,我们可以吃喝快乐。因为我这个儿子是死而复活,失而又得的。'他们就快乐起来。(《路加福音》第15章11至24节)

那“遥远的地方”与“外边的黑暗”指的是相同的状态；一个无意识地带。应该注意的是，这个放荡的儿子到“遥远的地方”是出于自愿的。要不是因为某个一闪而逝的洞见使他“回归到自身”，他可能还继续待在那里呢。但是当他真的想回家时，父亲毫不犹豫地立刻欢迎他回来。他并没有说：“等一下，年轻人，让我们先算算账吧！”也没问任何一个尴尬的问题，父亲待他一点也不薄。事实上，当他离家门还有一段距离时，甚至在他开口向父亲道歉之前，父亲已经“奔向前去”迎接这不肖的儿子了。

地狱不是神处罚人所产生的结果，而是人们不愿接受眼前神给予我们的爱。神学家田立克提供了以下的洞见：

> 有限的自由确实是无法与神合一的，因为那必须是一种爱的结合。一个有限的生命可能会背离神，也可能无限期地抗拒与神再度结合。它更可能被扔进自我毁灭与极度的绝望中。但即便如此，这也是神圣之爱的一种运作方式，如同但丁在地狱进口处上方看到的第三节碑文所清楚昭示的。地狱里若是有生命，也只能存在于神的爱中。地狱并不代表神的爱是有限的，这种有限性乃是源自于这有限生命的抗拒。

按照这个观点来看，地狱本是我们自己的杰作。正统基督教的神学认为地狱反映了我们的自由：这是一种选择与神结合或分离的自由。因为神不能勉强我们与他结合，所以才会有地狱。爱的本质是自由的，能够被勉强的是强暴而不是爱。地狱不是一种惩罚，它反映的是我们的爱。

基督徒谈爱，习禅之人谈的是般若（prajna）。这两者之间有关联吗？这两个世界之间的桥梁似乎就是希腊字 epiginosko，它代表的是将主客完美结合在一起的一种深奥的知识。epiginosko 不是普通的知识，因为它超出了智力的范围。如果回来检查英文字“knowledge”的原始意涵，它的意思竟然是性交与性爱。田立克认为这个字可以解释成知识或感官之爱——这两种意思都表达了融为一体的行为，它克服了两个生命之间的嫌隙。

从这个角度来看，禅与基督教的差别只在于名相上的不同罢了。因为知识便是爱。爱神就是去认识神，认识了神也就是爱神。田立克说:“全知不承认它自己与爱之间有任何差别，也不承认理论与实践有何不同。”圣约翰谈到过这种特殊的知识:

> 那光是真光，照亮一切生在世上的人。他在世界，世界也是借着他造的，世界却不认识他。他到自己的地方来，自己的人倒不接待他。凡接待他的，就是信他名的人，他就赐他们权柄，作神的儿女。(《约翰福音》第 1 章 9 至 12 节)

约翰说真光曾经来到世上，但世人竟然不认识他。罪恶就是无知，这是很明显的一件事。如果我们真的知道什么对我们是好的，就没有任何理由不去做它。为什么要蓄意伤害自己呢？耶稣将地狱描绘成“外边的黑暗”，真是最恰当不过了。我们的确被自己的无知所监禁与折磨。

习禅之人几乎从不谈论地狱与罪。因为真正的问题只是无知，尤其是对自己真实身份的无知。六祖慧能所教导的只有“见性”。因此，所谓的“认识自己”也有了不同的意义。

佛陀在《莲华经》中曾经说过一个和浪子的比喻大同小异的

故事，但他特别强调的是无知在人的遭遇上所扮演的角色。故事是这样的，某人的儿子很小就离家了，他四处游荡了五十年。虽然父亲富可敌国，他却过着穷困潦倒的生活。有一天，这个浪子不经意地漂泊到他父亲居住的地方，但因为离家太久，他已经认不出自己的父亲了。父亲很清楚即使把真相告诉儿子，他也不会相信，于是就安排了一个打杂的职位给他，而他也就认定自己是父亲的仆人了。这样又过了二十年，父亲才认为告诉他真相的时候到了，那时儿子才继承了父亲的遗产。

接下来我们要探讨的就是认识自己。

地狱的第七个秘密是：它是不相信神子所造成的结果。圣约翰告诉了我们信仰与救赎之间的关系：

> 因为神差他的儿子降世，不是要定世人的罪，乃是要叫世人因他得救。信他的人，不被定罪；不信的人，罪已经定了，因为他不信神独生子的名。光来到世间，世人因自己的行为是恶的，不爱光，倒爱黑暗，定他们的罪就是在此。凡作恶的便恨光，并不来就光，恐怕他的行为受责备。但行真理的必来就光，要显明他所行的是靠神而行。（《约翰福音》第 3 章 17 至 21 节）

我们给自己定了罪，因为我们不信神的独子。基督徒经常引用这句话当作应该“接受耶稣为个人救主”的理由。但他们并不知道“神的独子”真正的意思是什么。田立克曾经说过：

> 按照字面来解读《圣经》的人时常问别人是否相信耶稣

是神的儿子。问这个问题的人以为他们已经懂得“神的儿子”是什么意思了，剩下的问题只有可否将这个众所皆知的称谓归于拿撒勒的耶稣。然而这个问题是无法回答的，因为答案不论是肯定或否定，都是错的。回答这个问题唯一的办法就是改成另一种提问题的方式——“神的儿子”到底是什么意思？如果你得到的答案是按字面来解释的，那必定是一种迷信；但如果把“神的儿子”视为一种象征，那么它的意义就值得探讨了。

对田立克而言，神的儿子不是一个人，而是一种象征。这个象征有时也被视为道成肉身，而这的确是基督教的核心教义。问题是这个象征是矛盾的：神的儿子既不是纯神性或纯人性的，也不是这两者的混合，而是完全的神性与完全的人性。对于那些很少思考悖论的人而言，这是很难理解的一种观点。

由于无法欣赏这个伟大的悖论，所以才产生了过多的异端邪说。为异端做过最佳定义的人就是斯科特·派克医师，他说，“如果我们只相信悖论的某一个立场，是最容易产生异端的”。耶稣是全然神圣的，他丝毫没有任何人性的局限，这就是一种异端邪说。这个异端邪说制造了耶稣与我们之间的距离，因而为基督教带来了极大的伤害。派克解释了这个现象是如何产生的：

那些制造出这个异端邪说的基督徒，其实是具备足够的宗教训练的，他们深知耶稣既有人性也有神性，可是却押了九成九的筹码在他的神性上，只有一成押在他的人性上。这使得我们有了一个很好的借口，因为没有人再期待我们的行为举止必须像耶稣一样。我们有百分之九十九的人性，然而耶稣却高高在上，他是完全无法被认同及模仿的。

这是常见的将某个精神领袖视为神的问题。我们轻易地就把他的地位抬举到一种与我们毫不相干的虚无境界。老实说，有许多人确实把耶稣当成是仙人，认为他具有超凡的能力，可以呼风唤雨、任运自如，完全不像一般人必须面对体能、心理及精神上的束缚。根据田立克的看法，按照字面来解释神之子这个象征，已经对基督教造成了很大的伤害。由于过度的神格化，我们已经把基督教最真诚、最富威力的象征变成了拙劣的丑角。

对我而言，“神之子”乃是耶稣最伟大的公案之一，这不是用文字而是以耶稣的整个生命所呈现的公案。我们的挑战就在于如何解释这个公案，而不至于贬低它或使它流于庸俗。

我承认这不是一件容易的事。我的方法是把它看成人性矛盾本质的一种象征：它一方面包含了上主的神性，充满着活力、觉知和开悟的潜能；另一方面，它又是有限世界的一部分，被各式各样的缺点及局限严苛地束缚着。相信神之子并不表示你该相信耶稣专属的神性，而是去看见如此不完美的人性中所潜藏的价值。去看见“不完美之中的完美”。为了超越凡人与生俱来的一些困难，我们必须把这些困难当作是灵修的一部分。所以与其把它们看成障碍，不如利用它们来加速自己的成长。使徒保罗解释了这个矛盾的现象：

又恐怕我因所得的启示甚大，就过于自高，所以有一根刺加在我肉体上，就是撒旦的差役要攻击我，免得我过于自高。为这事，我三次求过主，叫这刺离开我。他对我说："我的恩典够你用的，因为我的能力是在人的软弱上显得完全。"所以，我更喜欢夸自己的软弱，好叫基督的能力覆庇我。我为基督的缘故，就以软弱、凌辱、急难、逼迫、困苦为可喜乐的，因我什么时候软弱，什么时候就刚强了。（《哥林多后书》第12章7至10节）

不论在什么状况下，相信神子也就是相信我们内在的神性。它与自我厌恶刚好相反。禅师把这种内在的神性称作佛性，它就是我们开悟的种子。一切有情众生皆有佛性，毫无差别。

自我厌恶的问题比一般人所知道的还要严重得多。其实我们很少有人能真正如实地接纳自己。虽然自私自利的情况非常猖獗，但并不表示我们有能力爱自己。把自私当成自爱是很严重的错误，因为爱是无条件的。有许多例子可以证实我们是不爱自己的。我们经常为了一点小小的失误就自我诅咒："你这个笨蛋！""你搞砸了！""你就是做不出一件对的事来？"由于自我厌恶，我们已经把自己打入了地狱。

对圣保罗而言，自我厌恶在他的身上占了很大的比重。他说："我也知道，在我里头，就是我肉体之中，没有良善。因为，立志为善由得我，只是行出来由不得我。"（《罗马书》第7章18节）他无时无刻不被内在的冲突所煎熬着："我是攻克己身，叫身服我，恐怕我传福音给别人，自己反被弃绝了。"（《哥林多前书》第9章27节）

玛里安·威廉逊指出了自我厌恶与暴力之间的关系：

> 情绪能量必须要找到出口，自我厌恶就是一种非常强烈的情绪。它如果转而向内，就会变成我们自己的地狱：上瘾、迷恋、强制、忧郁、暴戾关系、病痛。若是向外投射，它就变成了我们集体的地狱：暴力、战争、犯罪、压榨。

为孩子们读睡前故事，我才学到了自我接纳的重要。有一本书叫作《女厕中的男孩》，书里谈到一个名叫布莱利的男孩，他是个时常欺负弱小的捣蛋鬼。他没有什么朋友。大家都认为他是怪物，没人愿意坐在他旁边。一直到布莱利遇见了学校新来的辅导老师卡拉，才有了改变。某回上辅导课时，布莱利与卡拉讨论"外层空间来的怪物"这个问题。布莱利问卡拉是否相信世界上有这种东西，卡拉回答，她相信宇宙里有无数的生命，但是她不认为有哪一种是怪物：

> 布莱利问道："一个怪物都没有吗？"卡拉说："我认为每个人都有'善'的一面，每一个人也都会感觉到快乐、悲伤和寂寞。但偶尔也会有人认为别人是怪物，那是因为他们看不见自己内在的'善'。然后可怕的事就发生了。"
>
> "他们把他杀死了吗？"
>
> "不，更糟。他们称他为怪物，然后其他的人也跟着叫他怪物，每个人都把他当成怪物来看待。不久之后，他也开始相信自己是怪物了。他的一切行为都像个怪物。可是他并不是怪物，还是有许多的'善'埋藏在他的内心深处。"

布莱利在剩下的时间里画了一幅有三只手臂六只手的外层空

间怪物，可是当他想为这个怪物的手画上八根手指时，却有些困难。接着对话又开始了：

他抬起头来问道："你可以看到怪物的内心吗？""你可以看到他们的'善'吗？"

卡拉说："这是我唯一能看到的东西。"

他又继续画图。他在怪物的脸中央画了一个黑眼睛，在胸部画了一个红色的心，代表一切的"善"都在那儿。

他问道："那么怪物该如何才能不当怪物呢？我的意思是，如果每个人都把他当成是怪物，他如何才能不再当怪物呢？"卡拉说："这可不是一件简单的事。我想，首先他必须认清自己不是怪物，这是第一步。只有知道自己不是怪物之后，他才可能办得到。别人怎么可能知道他的真相呢？"

相信神子就是去认清我们不是怪物而是有情众生。相信我们内心的基督，便是通往灵性的第一步。

地狱的第八个秘密是：它其实是天国的一部分。在本章一开始，我曾经说过地狱和天国是互补的。这个说法可能会让人觉得地狱和天国是分开的，事实并非如此。回到浪子的比喻，那父亲并未阻止儿子离家，儿子回家后也未遭到处罚，你难道不觉得奇怪吗？

这件事有一种解释，那就是基于爱，父亲已经暗自原谅了儿子小小的流浪。年轻的时候，我们多半喜欢冒险、热衷于新奇的事物，但由于缺乏经验，我们不免会犯错、吃亏。这个浪子确实因为他的鲁莽而吃了不少苦头，他曾经因为饥饿，甚至连猪食也吃了下去。虽然犯错使人受苦，却也让人得到了教训。如果父亲勉强儿子留在家里，也许会酿成大错，因为那会剥夺儿子成长的机会。

地狱的第九个秘密是：它是由喜欢捉迷藏的神所发明出来的游戏。了解这一点对于解释基督教神学中的“邪恶问题”会有很大的帮助：如果神创造了万物、神是无所不能的，那么他为何容许邪恶与痛苦存在于世间？

为了回答这个问题，我们必须去探究一个秘密中的秘密。艾伦·沃茨称其为“内线消息”。这个所谓的“内线消息”深埋在各大宗教的文献里，而且通常是伪装在密码之下的，所以一般人很难了解。因为肤浅的心无法掌握其中的深奥道理，而保守的心却认为它们太具有破坏性。但我们如果真的想知道生命的意义是什么，那么我们别无选择，只有打破以下这个禁忌：阻碍我们去认识自己真实身份的禁忌。

假设你是个已经开悟的祖父或祖母，你很想将某种智慧传递给子孙，以便对他们的人生旅程有所帮助，那么你会告诉他们什么呢？艾伦·沃茨建议我们创造出一种不完全真实的神话，然后把它当成是诗，用来勾勒出生命的意义。要怎么开始呢？我从世界神话及沃茨的著作中撷取了许多观念，组合成了我的“秘密知识”：

> 一开始，存在的只有神。他就像孩子一样——富创意、爱玩耍、好游戏、精力旺盛。神无所不能，总是心想事成。神只有一个“烦恼”：他没有玩伴。
>
> 为了不让自己寂寞无聊，神想出了一个聪明的解决办

法：他从自己身上生出了玩伴。他把自己分裂为无数的碎片，变成了你和我以及其他的生命。表面上看来，我们都是各自独立而差异极大的生命，但是在这表层的多元性之下，我们都是一个实相：神。

将自己分裂成许多碎片之后，神准备要开始玩他的游戏了。但是在享受任何乐趣之前，他还必须做一件事：忘掉他自己！他必须隐藏他真正的身份，于是他引发了自己的健忘症，从此没入尘世间。他像孩子一样扮演着不同的角色，涉入了不同种类的冒险。有些冒险如同美梦一般，有些则像最恐怖的梦魇。事实上，它们可以是最暴戾、最可怕的经验。世界就这样继续不停地运转着。我们这场宇宙之舞是由阴阳、善恶、战争与和平、爱与恨、喜悦与战栗、泪水与欢笑交织而成的。但是不管快乐或悲伤，这些都只是神的游戏罢了。这便是神娱乐自己的方式。

所以，人类都是患了健忘症的神。我们看起来这么无助，这么像命运的牺牲品，但是在内心深处，我们都在隐藏自己的全能，只为了创造挑战来激发神的创造力。由于忘了自己的真实身份，所以我们在自创的地狱中悲泣，咬牙切齿。但是在我们生命的中心点，那原始的记忆仍然存留着，随时等待被唤醒。

抱怨生命中的痛苦和其他问题，就是不了解神的大计划。如果我们本是一体的，那么受苦者又是谁呢？我们能跟谁抱怨呢？记得吗，我们就是神所变成的浪子，径自享受着自我放逐的狂喜！无人可以申诉、无事可以抱怨，因为我们就是它。这正是耶稣所宣告的:“我是道、是真理、是生命。”为了避免误解这段话，他又说他是街头的饿汉、衣不蔽体的浪人、奄奄一息的病患，或是狱中之囚。每个人都像是一面镜子，反映出相同的实相。如同克里希那穆提所说的:“你就是世界。”

在政治动乱的时刻，有位日本将军向一位禅师请教，看看是否有办法可以不战而胜。禅师回答说:

> 这个世界就是一场梦，只是做梦的人不自觉罢了。当我们与他人争斗时，那争斗也是一场幻梦。大梦初醒时，敌人又在哪里呢？我们会把这世界当真，是因为我们身在梦中而不自知，所以我们才会赢了就快乐，输了就悲伤。如果只是一味地在二元对立的幻梦中争斗，那么快乐或悲伤又有什么意义呢？梦中的争斗必须停止——让自己从输赢、竞争的幻觉中解脱出来！

多数人都认为觉醒是很难的一件事，但即使如此，也还不至于太糟。艾伦·沃茨告诉我们原因何在:

> 神太善于玩捉迷藏的游戏，太善于假装他就是你和我，所以需要很长的时间他才能忆起自己藏身于何处，用什么方式藏起来的。这整件事最有趣的部分就是——他不想太快找到自己，因为那会破坏整场游戏。

禅既不肯定也不否定任何事。为了避免太快就把生活中的“幻相”打发掉，所以我们必须留意，在逻辑上“一切皆幻”与

“一切都是真实的”是同样的意思。如果神就是这场大戏幕后的主宰，那么梦与实相又有什么差别呢？有位著名的艺术评论家及禅的热爱者曾经对布里斯说，在西方的艺术与文学里找不到禅，因为禅这个字在任何的欧洲语系中都找不到。以下是布里斯的解答：

> 东方世界的禅一向喜欢描述见性或开悟，……西方世界的禅则经常提示我们“幻相”的存在，譬如《浮士德》及《哈姆雷特》所描述的幻觉、优柔寡断、精神散乱、无穷的欲望……如果日本的“禅修者”对这些幻相的例子感到困惑的话，那么我们就该提醒他们，禅最令西方人难解的教诲就是：幻即是悟，悟即是幻。

如果尘世就是神的一场大戏，那么一切都已经圆满了。希腊神话里的俄狄浦斯国王历经了许多苦难之后，在晚年也做出了相同的结论。所以我们的任务就是：当个好演员，接纳眼前的事实，活在当下。如果说快乐有什么秘诀，那一定就是上面这句话了。毕竟，从更深的层面来看，我们就是自己人生的编剧和舞台设计师。

第八章　信心

神的国就在你们心里。

——耶稣

信仰是经过美容与包装的贪婪及恐惧?

你有没有听说过“破神庙”？台湾确实有这么一座庙宇，那是由一位慈悲的和尚所建立的，目的是为了收留被人们所丢弃的“神”。里面有许多中国的民间神像，其中有一些是佛教的菩萨像，还有一些是道教的神祇。这些“破神”的命运都很卑微，因为他们被扔进了垃圾堆。不过他们也是一种活生生的见证，证实当信仰变成自我表现时，会变得多么丑陋！

我们在前面曾经提过，中国人比较迷信和现实，这种草根性里缺乏西方人心目中的宗教情操。中国人会为了各式各样的实用理由去接近神：占卜未来、祈求世间福报、治病、驱邪等等。他们利用神多过于崇敬神。譬如赌徒去赌场之前，通常会到庙里许个愿，就像跟神明做买卖一样。如果赌赢了，他会以丰盛的祭品回馈神;如果赌输了，那么……破神庙可以告诉你发生了什么事:

有的神被斩首，有的缺了一个膀子，有的则被砍成了两半！

我就是在香港的这种文化背景里长大的，所以对这一类的信仰有点过敏。有很长一段时间，信仰对我而言只代表了两件事：经过美容与包装的贪婪及恐惧。中国人或许是一个极端的例子，但是在任何一种宗教里，譬如民俗宗教、佛教、道教、伊斯兰教和基督教，都似乎可以发现这种“心灵的物质化倾向”。如果它们之间有任何不同，也仅只是程度上的差异罢了。

我从小就是英国圣公会的教徒。虽然我在孩提代就已经受洗，却未曾受过坚信礼。我的基督教朋友大多数是福音派浸信会的教友。每当我和他们在一起时，我总是感觉他们的信仰里有一种黑暗的成分：恐惧。某位基督教友人曾经非常热切地告诉我：“兆康，如果你不接受耶稣基督当你的救主，你一定会下地狱。你也许认为死后有地狱这样的说法非常可疑，但相信耶稣又不花你一分钱，为什么要冒那个险呢？”

我把这一类的辩论称作“免费保险推销术”。这个招数虽然聪明，却令我倒尽胃口。请别会错意，我很喜欢我的朋友，他是个好人，而且德性很高。其实我深深地为他分享宗教体验的热忱所感动。只是我不相信神是个许愿池或是免费保险的推销员，也不相信神会像玩具熊一样，让我们借着它而得到一点慰藉。马克思把宗教称为“人民的鸦片”，不幸的是，他说得一点也不错，因为大多数的人就是这么在利用信仰的。我们接近宗教多半是想从中得到慰藉，或是怀着一种含糊的概念，以为自己可以得到祝福或庇佑，或是一种被眷顾的感觉。

如果这就是我们所认为的信仰，那么耶稣确实有一些新的讯息要告诉我们。他对他的门徒说：“你们不要想我来是叫地上太平，我来并不是叫地上太平，乃是叫地上动刀兵。”（《马太福音》第10章34节）日本的白隐禅师对这句话有些回应：“想得到深沉的宁静，就准备流下豆大的汗珠吧。”

通往真理的道路没有一条是“愉悦”的。真正的信仰与一般人的了解正好相反，它是一种挑战，而不是庇护所。拥有信仰不代表你该变成一个娘娘腔的人，而是要成为一名战士，你要有勇气面对现实，不管现实有多么丑陋，但这种勇气又跟大男子主义的攻击性无关。

我在十七岁时就放弃了我所认为的基督教信仰，但并不是完全没有恐惧或战栗的。我发现把神当成可以倚靠的拐杖，是非常倒胃口的事，我宁愿靠自己。回顾过往，我发现我对“信仰”的舍弃其实是为真正的信心铺了路。有时你必须拆掉旧有的，才能建造出新的东西来。

> 没有人把新布补在旧衣服上；因为所补上的反带坏了那衣服，破的就更大了。也没有人把新酒装在旧皮袋里，若是这样，皮袋就裂开，酒漏出来，连皮袋也坏了。唯独把新酒装在新皮袋里，两样就都保全了。（《马太福音》第9章16至17节）

强调恐惧和希望的宗教必须被淘汰了。真正的信仰与奠基于不安全感的宗教狂热，是无法并存的。我从孩提时代就被教导要相信圣诞老人、玩具熊或诅咒罪人的神，这样的信仰基本上是错的，因为它不是以爱为基础的，所以应该被丢出窗外。当然，信仰被摧毁的过程一定是痛苦的，毕竟，我们是在跟一个从小就珍

惜的东西分手。不过这就是成长必须付出的代价。西蒙娜·薇依曾经说过:

> 到目前为止,宗教一直是人类的慰藉,但是这对真正的信仰来说其实是一种障碍:从这个角度来看,无神论反而是思想上的净化。我必须把身上不属于神的那些部分,变成无神论者。对那些尚未被肤浅化的人而言,无神论者是正确的,有信仰的人反而是错的。

信心是一种臣服的态度,而不是制造出需求

戒掉假神的奶已经够痛苦了,面对神的阴影层问题就更别提了。我十来岁时已经在读《约伯记》了,我对神拿约伯当成跟恶魔赌博的筹码这件事,感到不寒而栗。约伯的抗议如雷贯耳:为什么无辜的人要受苦?为什么恶人反倒不受惩罚?撒旦难道不是神的另一张脸吗?我记得自己曾经做过一回清明梦,梦境里面,善的军队跟恶的军队交战。这两方人马好像在打仗,但是又完全融成了一体:邪恶就是良善的基础,而良善也是邪恶的基础。

许久之后,我才解决了神的这种无道德性的问题。经过多年的禅与道家的训练之后,我才真的看见了创造的张力之美。阴与阳、善与恶、生与死,它们彼此都是亲密的敌人,它们之间的战争与合作是交互存在的,它们所彰显出来的争战,就是我们灵性成长的契机。除非我们能面对这些充满荆棘的议题,不把它们扫到地毯之下,否则是不可能产生真正的信心的。真正的信心来自于勇气以及对事物本质的洞察。

信心是什么？对我而言，信心就像禅一样，它是无法被定义的。不过我们还是可以指出它的几个特征。它与我们的心有关，与头脑的思维无关，它是一种右脑而非左脑的现象。因此，信心与信念、教条、教义或神学都无关。信心是一种存在现象而非智力活动；信心与开放度、接纳度、信赖感及爱有关，却跟争辩及证实自己无关。它包含了许多禅的元素，最明显的就是柔顺、自由、“平常中的奇迹”以及勇气。田立克喜欢用“存在的勇气”这个说法。信心的本质就是一种意愿，它总是肯定生命及生命美好的一面，不论人生有多少的疑惑、困难和痛苦。

这样的说法或许还不够清楚，不过《马太福音》的“论祷告”对信心已经做了很详尽的解说。现在让我们用一颗初心来重读一遍：

> 我们在天上的父：
> 愿人都尊你的名为圣。
> 愿你的国降临。
> 愿你的旨意行在地上，如同行在天上。
> 我们日用的饮食，今日赐给我们。
> 免我们的债，
> 如同我们免了人的债。
> 不叫我们遇见试探，
> 救我们脱离凶恶。（《马太福音》第 6 章 9 至 13 节）

请注意，耶稣永远用“我们的”这几个字而不用“我的”。信心与我们的自我没有任何关系。虽然“论祷告”一文中也有祈愿，我们应该注意的是祈愿的先后次序。最前面的三段愿文与私人的需求没有直接的关系；它们与神、神的国、神的旨意有关。而且第三段愿文涵盖了耶稣所说的信仰的精髓：愿你的旨意行在地上！

这个讯息已经表达得很清楚了。信仰是一种臣服的态度而不是制造出需求。神不是我们的仆人，永远在那儿等着回应我们的祈求。神也不是一般人所认定的守护者。“论祷告”一文阐明了耶稣在“自然的启示”结尾所教导的原则：“你们要先求他的国和他的义，这些东西都要加给你们了。”（《马太福音》第 6 章 33 节）简而言之，信仰就是把神置于自我之上。耶稣告诉那些热心追求宗教的人：“凡称呼我‘主啊，主啊’的人不能都进天国；唯独遵行我天父旨意的人才能进去。”（《马太福音》第 7 章 21 节）有一个价值连城的问题：我们如何能知道神的旨意是什么，或不是什么？你们有任何建议吗？

过去我时常为这类问题而彻夜不眠，现在我不会了。这件事其实一点也不复杂。按照神的旨意去行事，意味着放下自我并接受眼前的事实。这就是在经营一种非暴力的生活：承认并接受我们的弱点和极限，与大自然友善共处而不与其抗争，承认我们无法完全掌控或意料世事这个事实。

与神“相恋”

信仰既不是一种自我中心的追寻，也不是盲目的服从。机器人无法有信仰，只有人才能。当我们拥有不服从的自由时，才会产生信仰。传统总是将神与人的关系描绘成一种国王与子民的关系，但实际的情况却是很“民主”的。神与人的关系可以比喻为男女之爱，也就是性爱，因为信仰所必备的臣服态度是温柔而自发的。托马斯·默顿说过：

> 我们不该过度强调信仰中的臣服元素，以免人们误解这就是信仰的精髓了：好像一个心中无爱的、尚未解脱的、一味臣服于权威的人，便足以称得上是有信仰的人了。如果过分强调意志这个元素，那么透过理解而产生的信仰与透过意志而达成的臣服，就没有多大的差别了。在某些情况之下，这会是非常不健康的一种态度，因为缺少了信心之光或借由恩宠而产生的内在启蒙，你就不可能接受神所提供的真理，更不可能体认神所保证的是什么。如此一来，心就会缺乏真正的祥和及超越自然法则的一份支撑。在这种情况之下是没有真正的信仰的。里面缺少了光的正向元素。你不可能因深信而开启心灵之眼，只可能将怀疑强压下去。

或许画一个类似“性”的图，可以帮助我们了解什么是信仰：耶稣曾经说过一个新娘与新郎的故事，这个比喻中有十个少女，却只有一个新郎。因为在神的眼里，每个人的灵魂都是少女。一位名叫安娜的小女孩与神有特别的交情，她有一种特殊的天分，可以用一年级的语言清晰地道出深刻的真理，在一段她跟收养她的少年芬恩（Fynn）的对话里，“生命的真相”被自然地揭露了：

> “芬恩，教会是性吗？”
>
> 我突然醒过来了，她说的确实是真相！

“这是什么意思，教会是性吗？”

“它将种子放到你心中，让新的东西生出来。”

“喔！”

“这就是为什么我们总说神是先生而不是太太。”

“喔，是吗？”

“嗯，很可能如此。很可能如此。”她继续说道：“我想上课也是性。”

“你最好别告诉海恩丝小姐。”

“为什么？上课就是把东西放到你的头里，让新的东西生出来，这不就是性吗！”

这便是安娜的心灵性学。基本上，在我们与神的关系里，我们都是女性。由于是阴性（女性），所以只有顺服神才能找到快乐。毕竟，神就是实相，若是与实相抗衡必定会引发痛苦。我们必须用爱、解脱的心和热情来归顺神。若是不能真的接受神，而是以苦涩的心臣服于神，我们终究是不快乐的。因为，真正相爱的恋人乃是以喜悦之心彼此奉献的。弗洛姆曾经指出，爱的积极特质主要是给予，而不是接受。

我在初中时，教《圣经》的老师曾经告诉我，生命唯一的目的就是去荣耀主。那时我完全无法了解，为什么我们与神的关系永远是单向的？为什么神会是这样一个暴君？后来我才明白，神与我们之间并没有任何利害冲突：侍奉主乃是为自己带来快乐。反之，助长自我只会导致毁灭，因为自我永远无法满足，欲望根本是个无底洞。如果无法认清这个基本事实，真正的快乐是不可能发生的。

现代人也有类似的心态，他们把生命看成了一场零和游戏：别人输了就表示我赢了，我输了就表示别人赢了。这个奇怪的想法甚至被运用到个人的亲密关系里，夫妻的床第之间。以自我为中心的世代一向把给予视为一种“自我牺牲”。但是所有的心灵教诲都认为，这场零和游戏是一种致命的幻觉。让我们再次借用性爱的意向来说明这一点。在性的结合中要得到快乐，爱人必须心甘情愿地奉献出自己的身体及灵魂。付出得越慷慨、越热情，获得的快乐就越大。

给予在其他种类的爱之中也占有同样重要的地位：譬如朋友、亲子以及陌生人之间的爱。给予永远能带给我们滋养，尤其是真诚的给予。它使我们的生命得以发挥，使我们的创造力能够被善用，并且使我们的人性获得肯定。在给予中，生命变得更活跃、更富有人性、更有生产力，对自己的能力也更有信心。如同韩国禅师嵩山所说的：“给予的人应该感恩。”

人不会因为一味地顺从神而变成真正属灵的人，真正的信心是解脱之后的臣服所产生的作用，它涉及了“心灵之眼的开启”。当这件事发生的时候，神就会以圣灵来滋养我们的灵魂。中文里的“精神”（spirit）与“精子”（semen）的精字是相通的。在历史上，基督教的诺斯替神秘教派（gnostic）也曾经将圣灵比喻为神的精子。

纯净的心与无碍的心

除了臣服之外，信仰也包含了相互信任与亲密的元素。耶稣以充满深情的方式描述过这种状况：“我与天父是一体。”我们对宇宙的信赖可以决定我们有多快乐。如果跟宇宙万有为敌，自然会导致沮丧与生存焦虑。相反的，如果把我们和宇宙万有的关系视为一种完全开放和充满信赖的关系，我们就可能享受到喜悦及祥和。诚如道元禅师（Dogen）所说："开悟就是与万物亲密合一。"

最重要的是，信仰本是一种爱的自发表现，这种爱是出自于我们的灵魂。所以爱与信仰的成熟度是相辅相成的。弗洛姆曾经指出，不成熟的爱就是：我爱你是因为我需要你。相反的，成熟的爱则不受需求所驱使，它是从内在的丰足与喜乐自然涌现出来的。成熟的信仰与成熟的爱一样是无条件的。耶稣吩咐我们不要为生活、食物、衣着而烦恼，他强调的就是要有成熟的信仰。约翰·桑弗（John A. Sanford）是荣格心理学派的分析家，也是一位天主教（Episcopal）的传教士，他完全掌握了所谓的信仰：

> 当耶稣谈到信仰时，他指的是一个人在任何情况之下，甚至是面临信仰动摇的时刻，都有一种肯定生命的能力。它跟头脑里形式化的信念无关，后者只会阻碍真正的信仰。它跟一个人的灵魂却有很大的关系，因为灵魂拥有爱的能力，它能体悟生命的基本意义，所以能激发出信心。

在禅之中与信仰相应的是柔顺的品质。我们在第二章曾经谈过，真正的柔顺并不是软弱，而是内在力量的显现。云门禅师曾经用"日日是好日"来描述开悟的境界。"日日是好日"并不是天天中大奖，也不是从神或佛那儿得到了什么允诺，而是彻底地、毫无条件地接受真相时所呈现出的狂喜。

我们可以在云门禅师的诗中看到禅的柔顺之美：

春有百花秋有月，夏有凉风冬有雪。
若无闲事挂心头，便是人间好时节。

柔顺就是无挂碍之心的展现。威廉·布莱克（William Blake）在“永恒”这首诗中教导了放下的喜悦：

人若屈服于享乐，神圣的生活就被摧毁了；
但若是能吻别飞逝的欢乐，便能活在永恒的晨曦中。

基督教里的纯净之心与无碍之心是等同的。耶稣在登山宝训“论福篇”里说：“清心的人有福了！因为他们必得见神。”（《马太福音》第5章8节）很显然，只有当心处于虚空状态，没有任何物质、感官、心理、心智及精神上的执着时，才能见到神。从这段文字里我们看到耶稣与禅的教诲是完全相融的。

很明显，信仰是具有阴性特质的。事实上，“信仰”（faith）这个词经常被用来当作女孩子的名字。真正的信仰与放下个人的执着有关，然而许多“虔诚”的信徒却把信仰变成了他们最大的执着！由于紧抓着教义、行为准则和经典的解释不放，他们很有效地将信仰武装了起来。

真正的信仰在生命的每一个层面都能显示出温柔的品质，错误的信仰却可以很轻易地被认出来，因为它是好战的、顽固的、无变通性的、偏执的，并且急切地想证明自己是“对”的。

盲目崇拜会带来世界的灾难

错误的信仰基本上就是伪装之下的偏执狂，其中有很强的暴力倾向。许多宗教狂热分子都有深沉的不安全感，他们有意无意地认为自己必须抓住一些权威象征才觉得安心，无论这些象征是什么：某位历史人物、一部神圣的作品或是宗教的戒律、信条或圣物。拥护象征本身并不是问题，问题是他们把宗教象征变成了盲目崇拜的对象，由于这个象征对他们的意义重大，因此他们会攻击那些对这个象征有所损伤的人或事。错误的信仰所产生的病态是众所皆知的：那是一种监禁而非解放或畅然无阻的状态，是教条主义而非精神上的了悟。芬恩曾经说过：

> 百老汇的一个公告牌展示了几个大红字：你想要被拯救吗？我很怀疑会有多少人会说“我想要”。如果你问的是：“你想要保障吗？”可能有几百万人会说：“是的、是的、是的，我们想要保障。”不过这可能又会引起一番争论。因为灵魂若是被监禁、被保护，虽然不会有东西进来侵犯它，可是它也出不来了。救赎跟保障是没有关系的。救赎指的是很清晰地看着自己……不透过任何有色镜片，没有任何保护，也不躲藏，只是单纯地看着自己。

真正的信仰指的不是像寄居蟹一样过着被保护的生活。我们只是很清楚地知道，如果阴柔与谦逊被僵固、傲慢、残忍以及瞋恨的阳刚取代，就中毒了。曾经是美女的信仰，现在却成了野兽。

在信仰上走了岔路的人，已经为世界带来了诸多灾难，我们只需要花很少的时间回顾一下历史，就可以发现人类有多少的不幸、苦难与杀戮，都是这个恶魔所引起的。现在世界上大部分的国家，多半处在政教分离的状态，因此这种错误信仰所造成的摧毁力已经减少了一些。但是宗教战争仍然持续着，宗教的愚昧行为仍然猖獗。许多年前，加州与德州的宇宙创造论者与进化论者为了教科书的事而打起了笔战，我看了觉得十分有趣。信仰与人类是否从猿类进化而来又有什么关系？虽然这个偶发事件看起来无害，却提醒了我们一点：这只怪兽尚未死亡，随时有可能会抬起它丑陋的头颅来。最近发生的护生团体射杀堕胎医生的事，就是一桩足以提醒人的恐怖事实。

有人曾经说过，我们不该把那些宗教狂热现象、欺压行为、偏执倾向及其他不宽容的态度视为妖魔。因为他们也是受害者，无知与错觉的受害者。譬如稣时代的“虔诚”信徒、书记（律法学者）及法利赛人，将一生都献给了宗教，虽然受到利用，将耶稣钉在了十字架上，但他们并不是坏人，而是以极度的热忱去实践信仰的人。尤其是法利赛人，他们本是专精的律法主义者，对每一个法律的细节都加以研究及观察，虽然非常努力和具有奉献精神，却缺乏智慧。他们无法认清灵性与固守形式是无关的。

每当你提到一个“佛”字，就要漱一次口

错误信仰的危险就在于它是自我合理化（self-justifying）的。所以，书记与法利赛人在迫害耶稣时，确实真诚地相信他们是在根绝耶稣的异端思想，而且是在服侍神及保护真正的信仰。这种伪装成强烈信仰的自我合理化心态，最容易使人误入歧途，

也最具有毁灭性。它使得宗教狂热分子可以为所欲为而不觉得惭愧或罪恶。看见那些献身于真理的人做出如此违反真理的事，真是令人痛心。如果真理仍然被视为一种可以被独占、垄断或执着的东西，那么发生在耶稣身上的事仍然会再度发生。

就这一点来看，我们可以了解为何佛陀对真理从来不太“认真”。他教学传法四十九年，却说自己未传一法。我们也可以理解为何禅师经常拿佛陀和其他圣物开玩笑。一则有名的禅宗笑话说，每当你提到一个“佛”字，就要漱一次口。如果你觉得这话听起来很不恭敬，那么不妨再看一遍十诫中的第三个戒律：“不可妄称耶和华——你神的名；因为妄称耶和华名的，耶和华必不以他为无罪。”（《出埃及记》第 20 章 7 节）

没有一个凡人可以绝对肯定自己已经通晓真理。想想自己是“如何”去证明自己的“真理”的？那个水平点在哪里？验证者又是谁？谁具有最终的权威？经验主义者也许会用数据来证实一些事。不过这些数据也是借由我们辨识力而得到的结果，所以并不完全可靠。最后我们只能经由主观的心识来体验世界，至于在认知过程中发生了多少扭曲、过滤或选择性的倾听，我们是没办法弄清楚的。最基本的问题就是，我们根本无法跳出自己的系统（我们的心）去认清到底发生了什么事。眼睛无法看见它自己或观察它在看的过程，我们也无法确知自己所认定的真相，有多少是源自于基因、教养、文化和过往的经验。我们就是自己主观心识的奴隶。

这个世界已经被那些扣留住“真理”的人吓坏了。我从未怀疑过这些人对自己信仰的真诚度，我担心的是他们可能缺乏一些自我认识。佛陀认为无明是一切罪恶的根源。艾瑞·格莱姆先生

（Dom Aelred Graham）曾经说过：

> 真理的热切追求者事先已经决定了他所要追求的真理是什么，他可能会在追寻结束时发现："这就是我一直所认为的。"……这种心态就好像看书或读报只是为了加强自己原有的观点，而不是向自己的观点提出挑战；这也像是在寻找一个有相同看法的朋友，而不是在寻求公正无私的评论者的意见。

这并不是说世间没有真理了。牛顿的运动定律、爱因斯坦的相对论以及热力学定律等，都是相对真理；它们与我们的认知系统、近代科学上的理解以及主观心智有关。至于这些知识会不会因为我们对宇宙的理解，以及我们自身智慧的增长而被推翻，则不是目前所能回答的问题。我面前的计算机对我而言是既真实又具体的，但如果没有人能觉察到它，它又在哪里呢？它在我眼里呈现出来的形状，难道不是靠我神经系统的构造，以及我感官接收信息的组合力而形成的？如果是的话，那么客观真实又是什么呢？

从"绝对真理"的角度来看，说自己"已经知道了"就是一种自大和无知。最后我们只能确定一件事，那就是我们对真理是一无所知的。禅宗三祖僧璨在《信心铭》中曾经告诫我们：

> 不用求真，唯须息见。

《只有不知》（*Only Don't Know*）是现代韩国禅师嵩山所出版

的一本书，这本书的内容就是他的教学重点。一颗“不知之心”是活生生的，而且充满着可能性，然而那声称自己已经知道的心，却是封闭而停滞的。嵩山禅师叙述了他的“不知”箴言：

> 不知之心能穿透思想。它存在于思想之前。在思想之前，既没有医生，也没有病人；没有神，没有佛，没有我，没有文字——什么都没有。那时你跟宇宙是一体的。我们称其为无心或原点。有些人称其为神、宇宙大能、至乐或寂灭。然而这些都只是法教里所用的名相罢了。无心是存在于文字之前的。

这个“不知之心”听起来太激进、太不像基督的用语了，但是耶稣也有自己的禅语：初生婴儿之心。耶稣宣称神愿意将秘密告知婴孩，却不让聪明通达的人知道（《马太福音》第 11 章 25 节）。因为婴儿才是真正的“不知”大师。你见过坚持己见的婴儿吗？

反对偶像崇拜与不执着

耶稣的“初生婴儿之心”显然是犹太基督教反对偶像崇拜的一种传承。与信仰对立的并不是无神论或不可知论，而是偶像崇拜。十诫中的第二诫所讲的就是反对偶像崇拜：“不可为自己雕刻偶像，也不可做什么形像仿佛上天、下地，和地底下、水中的百物。不可跪拜那些像，也不可侍奉它。”（《出埃及记》第 20 章 4 至 5 节）不管从哪一个标准来看，偶像崇拜都是很严重的罪。

问题是：神为何对人们制造偶像这件事如此焦虑呢？神是不是一个不喜欢拍照的人？答案很简单：其实没有任何人见过神。神无法被看见，因为神是一个主体（subject）而不是客体（object），是属灵的而非物质的。因此，若是制造出神的形象，就等于在宣说一件你所不知道的事，也就是在说谎。如果有人谎造信仰、崇拜及执着的对象，痛苦将是不可避免的。犹太基督教无偶像崇拜的教诲，就相当于佛教所说的不执着。以禅的语言来说，偶像崇拜就等于"把指月的手指当成了月亮"一样。

这就说明为什么耶稣平常是如此仁慈温和，却唯独对书记与法利赛人特别严厉。因为他们是耶稣的七大伤痛之一。耶稣斥责他们不是因为他们伪善或拒绝接受他为弥赛亚，而是因为他们崇拜偶像。书记本来就是崇拜经典的，法利赛人则是崇尚法律的。当耶稣对他们说："你们这假冒为善的文士和法利赛人有祸了！因为你们建造先知的坟，修饰义人的墓。"（《马太福音》第 23 章 29 节）这便是一种禅的教诲。坟墓与修饰品是没什么精神价值的：前者只能用来存放死者的身体，后者只能制造出表面上的美。

耶稣指出了一种活生生的真理，其中的讯息可以在特定的时间对特定的人产生重大的意义。从这个角度来看，真理在本质上是依当时的情况立即发生的；我们无法用固定的文字、思想和概念来传达它。我们无法掌握也无法依附它，只能透过觉察的训练，在每个当下将它活出来。从婴儿身上我们可以学习到这一点。

不管在什么情况之下，心灵的真理永远是一种活生生的经验，而且是无法重复的。譬如"你只能通过犯错来学习"这句话对那些已经努力过却仍然失败的人而言，可能是强而有力的真理。但是当我责骂儿子课业做得太草率，而他却用这句话当作挡箭牌时，我只有光火的份了——因为我看见真理被滥用了。

受过西式教育的人，多半把“真理”当成一种适用于任何时间、文化或人事的概论。然而，禅对真理所抱持的看法却截然不同。测试禅的真理必须取决于内容的相依性。也就是说，禅就是特定的人、特定的时间和特定的情况对一个人造成心灵上的影响，如果将归纳法运用在真理之上，就等于在公开地误用它。概略的、可以重复使用的真理，通常是无用的！真理就在当下，只有一颗警醒的心才能领略到它的真谛。

早期的基督教徒与亚洲的禅师一样，对教导不执着都很有创意。嵩山禅师强调“不知之心”，圣保罗谈的则是“未识之神”（unknown God）。他告诉雅典的希腊人：“我游行的时候，观看你们所敬拜的，遇见一座坛，上面写着‘未识之神’。你们所不认识而敬拜的，我现在告诉你们。创造宇宙和其中万物的神，既是天地的主，就不住人手所造的殿。”（《使徒行传》第 17 章 23 至 24 节）基于同样的理由，耶稣在井边告诉撒马利亚女人：“神是个灵，所以拜他的，必须用心灵和诚实拜他。”（《约翰福音》第 4 章 24 节）

心灵到底是什么？回答这个问题等于是在捕风捉影。因为“心灵”便是耶稣所谓的“未识之神”的另一种用语。然而耶稣不断传达的这些讯息，并未引起广泛的注意，人们还是继续在制造偶像。英国国教斯朋（John shelby Spong）主教告诉我们，历史上最大的偶像就是被定了形的耶稣：

> 基督的确是个“千面英雄”。他既是神圣的审判者，也是无助的婴儿；他是修道院里的苦行僧，也是政治革命家；

他是坐在山坡上要孩子们到他身边来的耶稣，也是把敛财的人赶出神殿的解放者与激进的创始者。从过往到现在，耶稣这个形象在许多人心中一直是千变万化的。所有的角色都可以说是基督，也可以说一个都不是。将任何一种形象与偶像固化是必然的结果。如果不允许这些意象固化，基督将会从我们的意识中消逝。

信仰不是去追求安全感，而是要接受不安全的感觉。对耶稣的信仰就像是一粒小种子，只要不畏惧死亡，它就能长出新的生命来。如同艾伦·沃茨所说，尊崇一个绝对的、固化的、可以依靠的基督，与真正的信仰相违背。那是一种僵化的态度而不是信任，也是误解了耶稣教诲中的逆转法则。把耶稣看成是自己的救主，乃是对耶稣所代表的价值最极致的嘲讽，更是对真实信仰最可悲的一种背叛。艾伦·沃茨对这一点有详细的解说：

> 耶稣被钉在十字架上而得到了永生，这件事意味着不再把神当成可以被拥有、被知晓而又能带来安全感的对象，“因为，那想去解救自己灵魂的，必失去它”。执着于耶稣，就是在崇敬一个未钉上十字架的基督，一个偶像而不是活生生的神。

基督教强调的是希望

只有在逆转法则里才能看到基督教的希望。希望与信仰如同孪生姐妹。保罗的这句话奠定了希望在基督教的地位：“我们得救是在乎盼望。”（《罗马书》第8章24节）基督教强调的是希望，佛教强调的却是无望。很明显，这两种宗教在这个主题上是有分歧的，但奇怪的是，真正的基督徒与佛教徒都有能力活出喜悦及祥和。对这一点，我们又该如何解释呢？

耶稣从不谈希望，却时常提及人可以借着八福而领会希望是什么。这八福就是耶稣逆转法则里的珍宝，从中我们可以发现基督教希望的奥秘。这个奥秘隐藏在一种微妙的观点里：八福原本是希腊文，里面是没有动词的！譬如：“清心的人有福了！”这句话也可以译为“清心中的妙乐。”《圣经》学者威廉·巴克雷（William Barclay）对这个特殊的文法结构作了以下解说：

> 这是最重要的一种观点，因为八福并不是未来的一些虚伪的希望。它们不是对未来的至乐的一种含糊的预言，它们是对当下的庆贺。属于基督徒的福祉，不是在未来某个荣耀的世界里才能找到的。它不是基督徒将要进入的一种状态，而是他早已进入的一种境界。

基督教的希望不是我们一般所说的希望，后者永远暗示着对未来的期望和一种不确定的元素。圣保罗说：“盼望不至于羞耻。”（《罗马书》第5章5节）只有当“希望”二字指的不是未来的可能性而是当下的实相，上述的情况才可能发生。

在最近的一场自然灾害中，生命与财产的损失非常严重，当地的一位传教士率领民众为这件事祈祷。值得注意的是，她并没有为灾后复原而祈祷，也没有祈求相同的悲剧不要再发生。她只祈求与这次灾害相关的人能理解神的旨意。她祈求人们能领会这个灾难的意义。这才是基督教的希望之精髓：它跟自我满足或支使神完成我们想做的事无干。

看过“受祝福”（makarios）这个字的希腊文之后，我们才能正确地诠释“希望”。根据威廉·巴克雷的说法，这个字描述的是“具有甚深意涵的喜悦，也是一种安宁的、无法指染的、自给自足的喜乐，更是独立于所有机会与人生变化之外的一种快乐”。因此我们可以说，基督教的希望指的就是一种存在于眼前有待人们去发现的实相。

耶稣宣说八福时语气非常坚定：“清心的人有福了！”这就好比在对一名囚犯说：“在监牢里真是太棒了！”再仔细看看这句话的希腊文，也许可以得到一些洞见。希腊文的 ptochos 指的是绝对的、不忍卒睹的赤贫。这句话听起来有点荒谬：极端的贫穷怎么可能是受到祝福的呢？

事实上，八福之中没有一则是有道理的，除非用逆转法则来解释它们。所有的逆转法则都奠基于以下这个重要的洞见：我们的存在焦虑不是源自于客观真实，而是出自于过度的期待。最主要的问题就是，我们相信自己可以处理一切事，但身为凡人的我们却有严重的局限。因为觉察不到这一点，我们总想做一些不可能做到的事：去控制那不可控制的，去意料那不可意料的，去确定那不可确定的，然后紧抓着无常不放。这种自认无所不能的妄想，逐渐变成了一种自我折磨。

佛教强调的是无望

但是解决的办法就埋藏在问题之中。禅的解脱方式不是去获得一些神通，而是看清楚这个妄想。如果你真的看清楚人生确实有某些部分是无解的，反而会得到内在的自由。为什么要为那些不可控制的事受双倍的苦呢？

这件事听起来很容易，在实修上却很难办到。认清我们的极限与弱点是非常困难的，尤其当我们处于顺境时。事实上，大多数人都无法认清自己的极限，直到我们走入死胡同为止。这就是为什么濒临绝境反而是一种福气，因为我们在这种状况里所体认到的痛苦，可以使我们清醒地面对事实。讽刺的是，挫折、失望及无望对一个人的心灵健康是十分有益的。创巴仁波切是一位西藏的禅修大师、学者及艺术家，他对这一点作了详细的解说：

> 只要我们追随的是一种承诺救赎、奇迹及解脱的修行途径，我们就势必被“属灵的金链”所缚。这条镶着宝石、雕工细腻的金链子，戴起来也许很好看，但其实是把我们束缚住了。人们以为自己可以戴着这条金链子而不受约束，这根本是在自欺。凡是会助长自我的修行途径，都是一种心灵上的物质主义，是自杀而非创造。
>
> 我们听到的一切承诺都是诱惑。我们期待这些教诲可以解决所有的问题，我们希望有人能用神奇的方法来处理我们的忧郁、侵略性以及在性上面的执着。但是，我们很快就会发现，事实并非如此。出乎意料地，我们竟然发现所有的问题和痛苦都得靠自己来解决，任何一个救主或瑜伽神通都不能倚靠。发现自己必须放弃心中的期待，不再抱持原先的既定想法，是很令人失望的事。

这就是有关希望的逆转法则：拥有希望，首先要放弃希望。失望就是通往彻悟的快捷方式，因为它能促使我们早点面对现实。这也是为什么耶稣会说贫穷的人有福了。用基督教的说法则是，情况越是无望，我们就越能了解自己的努力是徒劳无益的，这样我们就会更接近神。

基督教的“希望”就等于佛教的“无望”

所以，基督教的“希望”就等于佛教的“无望”。它们看起似乎相反，其实并不然，因为它们讲的是两种不同的东西。一般所谓的希望指的是对事物的期待：对未来的期盼，对成就的期许，对改变的期待，或是希望自己的努力有成。因为这些都是以未来为导向的，所以永远有可能遭到挫败。于是，以未来为导向的希望就变成了痛苦的来源。所以佛陀教导无望。

在基督教里，希望指的是对神的期盼，也就是放弃了对事物的期待。它和期待、一厢情愿的想法及迷信没有任何关联。当世间一切的希望都落空了，当人类境遇的无助本质被清楚地照见时，它才会生起。只有在这种时刻我们才能全心全意地臣服于神。

神学家田立克说过：“受神的眷顾，指的是在任何状况下，都能发现其中的救赎和创造性，这是不会被任何事件所摧毁的。”虽然如此，如果不留意的话，很容易就会错过它。基督教的希望与佛教的无望其实是同样的修持方式：喜悦而专注地活在当下，只有在当下才能发现神的国。

总括地来看，信仰就是接受不安全，希望则是对内在意义的追寻。两者都需要活跃、开放及柔软的心。

人们时常说我们是无神的一代。多少个世纪以来，我们受尽了偶像崇拜及经教形式主义的宰制，现在终于决定将它彻底铲除。现代人正在经历一场断奶与净化的过程，虽然这个过程非常痛苦，不过对我们接下来的成长却是相当重要的。我们必须让偶像归于原位。我的看法跟许多人正好相反，我认为所谓“现代人的心灵危机”反而是一种正向的经验。

禅既不是偶像崇拜，也不是虚无主义。破除之后必须重建。一个文化如果只知道破除而不知道如何重建，是很可悲的事。随着偶像的消逝，我们应该适时建立起一种柔软而富启发性的信仰，这种信仰应该以爱为基础，而不是奠基于恐惧和需求。这是一个历史性的机会。我们正站立在“破神庙”里。

第九章　至道无难

在人这是不能的，在神凡事都能。

——耶稣

双手击掌的声音你是知道的，单手击掌的声音是什么你知道吗?

——白隐禅师

《大河恋》(*A river runs through it*）是由罗伯特·雷德福（Robert Redford）执导的一部影片。这是我认为最上乘的禅与灵修影片之一。它描述的是诺曼·麦克林（Norman Maclean）与他的牧师父亲在美国蒙大拿州（Montana）边境居住时的一个美丽故事。麦克林有一种绝妙的能力，他能够将禅的精神织入丰富的美国传统里。顺便提一下，麦克林并不具备任何有关禅的知识。事实上，整部电影始终没有出现过一个“禅”字。不过其中的确有禅味，就像茶道仪式的极简之美一样。那是一种埋藏于平凡中的美，又像一首隐藏在寂静之中的歌、一种无言却深具威力的精神。电影的开场白平淡无奇:“在我们家里，用假蝇钓鱼和宗教之间并没有十分清楚的界线。”

你能够看见用假蝇钓鱼和宗教之间的相关性吗？大多数的人都看不见宗教与日常生活有任何关联。我们已经被灌输了一种概念，认为宗教是特别而又严肃的一件事，不可能与日常生活里的欢乐或嬉戏混为一谈。《韦氏字典》对“神圣”（sacred）这个字词的定义是：特别为服侍或礼拜神而与日常生活分隔开的事。如果一样东西是为了礼拜神而被分隔开来，那么就很难想象它如何能与世俗活动——譬如洗碟子、照顾孩子、园艺或做爱——融合了。形式化的宗教令人敬畏的氛围也帮不上忙。艾伦·沃茨原来是大学里的牧师，后来成为禅宗大师，他叙述了他孩童时代的经验：

> 当我还是一个小男孩时，我们被学校强制参加坎特伯雷大教堂（Canterbury Catheral）的礼拜，那是圣公会（Anglican Church）的圣地。当我们在这么古老的寺院里按照宫廷仪式般的严格礼仪上上下下地跪祷、鞠躬或起立时，我们必须非常小心地不让自己大笑出来或是露出一丝微笑——因为这一定会招来一顿难以逃脱的无情鞭笞。

我可以确定，现代人对形式化宗教的反弹与这类经验很有关系。如果要我们在沃茨所描述的那个教堂与假蝇钓鱼之间作选择，我想我们连投票表决都可以省了。灵修与日常生活的关系远超过被隔开来的那些神圣仪式，它是极平常的而非特殊的事。

禅就是每日的灵修。也许你还记得第三章曾提到赵州问南泉道是什么，南泉回答平常心即是道。这是禅之中最重要的教诲之一。路易斯深知何谓日常的灵修。有人问他圣灵是否能透过现代的基督教作家向世界宣说，他回答：

> 我不想对作家受圣灵直接“启蒙”这件事做任何评断。我根本无法知道他所写的内容是否从天国而来，不过我确信神就是众光之父——自然界的光与心灵之光（《雅各布书》第1章17节）。换句话说，神不会只对基督徒作家有兴趣，他对各种的著作都很关切。同样地，神圣的召唤也不会只限于神职工作，在光菁园里除草的人也是在侍奉主。

从一段由资深魔鬼与年轻魔鬼所进行的对话里，路易斯更清楚地强调了由平常中看见不平常的重要：

> 你开始看到重点了吧？感谢几世纪前我们为他们设立的方法终于生效了，他们现在已经再也无法从眼前熟悉的事物里看到任何新奇之处了。你要继续用最平常的事物来向他谆谆教诲，不要让他从那“毫无价值”的“真实生活”里逃脱出来。

“道”是平常的。麦克林用假蝇钓鱼时体验了这一点；路易斯在俗世的写作工作与除草中观察到了道。真正的宗教是平常而不是特殊的。宗教若是无法与日常生活融合，就不是一个活的宗教。当那位撒马里利女人把传统与圣事混淆时，耶稣在和她的对话里教导了平常心的重要。他对她说：“妇人，你当信我。时候将到，你们拜父，也不在这山上，也不在耶路撒冷。”（《约翰福音》第 4 章 21 节）因为我们可以在任何时候、任何地点敬拜神。

我从克里斯朵夫教派（Christophers）所发的一个小册子里，看到了有关灵修的最佳定义，上面写着：“灵修就是与自己融合、与他人融合、与世界融合、与神融合。”所以灵修与界分无关，却与融合有关。这其中的次序，我们也要留意一下。首先我们必须先跟自己融合，然后跟他人，再跟世界，最后跟神融为一体。换句话说，我们必须从最平常最熟悉的部分做起。

活得深刻，活得美

如果我们将宗教与过多的“特殊”仪式、庆典或教条结合在一起，我们就很难在除草及日常生活里看见属灵的境界了。如果我们穿透外围的现象，直接切入核心，我们将会发现最后只有一件事是最重要的，那就是“美”。真正的宗教里最重要的事就是美的追求。首先要提出的问题就是：我如何才能活得美？诺曼·麦克林在他善良的父亲——一位苏格兰裔的长老教会牧师——的身上，观察到了美的重要：

> 至于我的父亲，我从不知道他是否相信神是个数学家，不过他的确相信神懂得计算，而且只有听懂了神的韵律，我们才能重新拾回力量与美。与其他的长老教会信徒不同的是，他经常用到“美”这个字。

你最近一次注意到怡人的熏风、繁星点点的夜空或是路边的一朵小花是什么时候？我小时候是有能力去欣赏眼前事物的美的，但是到了二十来岁，这种能力几乎完全丧失了。经过长时期的禅修才再度恢复了这种能力。外面的世界并没有多大改变，夏日的熏风仍然吹拂着，夜空仍旧繁星点点，路边的野花也仍然健在，可是那份对美的觉受到哪里去了？

虽然很少有人注意到，不过耶稣的确谈过有关美的奥秘。我们很详细地讨论过他如何透过天空中的飞鸟与野地里的百合来教导美。他也曾经对一个有钱有势的年轻人（路加确认他是一国之君）谈到有关美的教诲。以下是马太对此事的叙述：

> 有一个人来见耶稣，说：“夫子，我该做什么善事才能得永生？”耶稣对他说：“你为什么以善事问我呢？只有一位是善的。你若要进入永生，就当遵守诫命。”他说：“什么诫命？”耶稣说：“就是不可杀人，不可奸淫，不可偷盗，不可作假见证，当孝敬父母，又当爱人如己。”
>
> 那少年人说：“这一切我都遵守了，还缺少什么呢？”耶稣说：“你若愿意作完全人，可去变卖你所有的，分给穷人，就必有财宝在天上，你还要来跟从我。”那少年人听见这话，就忧忧愁愁地走了，因为他的产业很多。
>
> 耶稣对门徒说：“我实在告诉你们，财主进天国是难的。我又告诉你们，骆驼穿过针的眼，比财主进神的国还容易呢！”
>
> 门徒听见这话，就稀奇得很，说：“这样谁能得救呢？”耶稣看着他们，说：“在人这是不能的，在神凡事都能。”（《马太福音》第19章16至26节）

这年轻人非常殷切地向耶稣请教，从这段叙述中我们可以得知，他当时是奔向前去并且跪在耶稣面前的。这是一件非比寻常的事，因为此人拥有大多数的人所追求的一切，他年轻、有钱又有势力。但是显然他觉得生命里缺了一些重要的东西。他想知道什么是永恒的生命。再提醒大家一次，“永恒”这个形容词的意思并不是永久存在下去。《圣经》原典用的是 aionios 这个字，意思是“相当于神的”。然而要活得像个神一样，就必须要活得美。无论我们称之为永恒的生命、美或品质，意思都一样，最终极的问题就是如何去发现快乐。

所有美好的事物都是恩宠、艺术和工作的成果

禅师通常要求很高，他的话听起来时常是冷酷而刻薄的，耶稣回答这名年轻人的方式也很严苛，他说：“变卖你所有的，分给穷人。”生命的真相是，如果不能彻底弃世就无法欣赏真正的美。我们现在所谈的是如何迈向金字塔的顶尖。你听过有人背着一堆行囊去攀登喜马拉雅山吗？基于同样的理由，耶稣也告诉这名年轻人天国的门小如针眼，要通过它必须放下一切行囊！

耶稣并不是反对私有财产及物质财富。要想活得美，你必须有一颗不受束缚的心，一颗不被执着、意见或僵固的看法所阻塞的心。其实我们并不需要真的放弃任何东西，该断灭的只是对事物的执着罢了。耶稣在八福中夸大了这个道理：“清心的人有福了！因为他们必得见神。”若想体验美，我们需要的是一种空寂的内在。

一谈到彻底放下自我和内在的空寂，就会有一种被威胁的压迫感。似乎想体验真正的美是一件很难的事，事实并非如此。美

的体验经常在自然而没有预警的状况下发生。几个星期前，我与孩子们去放风筝。那天的天气很好，我已经很久没放风筝了，所以我很高兴自己又有机会去做这件事。看着风筝随风飘扬，攀升至高空，感觉手中的线开始绷紧，像孩子一样欢笑，四处奔跑着——这整件事最后变成了非常愉悦的一次经验。里面有一种动人的解放感。有一阵子我甚至觉得整个世界就是一个巨大无比的风筝，飘向了蔚蓝的晴空。这个游戏中有许多动作，可是我却有一种非常真实的感觉，好像那些动作与祥和的寂静感是同时并存的。我与那个游戏合一了。我在动中行禅。

这便是放下自我。活在当下，不想达成什么，不去思考输赢的问题，不担心自己的行为有点傻气，完全摆脱了神经质的防卫倾向，能享受当下的美但又不执着于它，放下却又不刻意放下，感觉到快乐而不去期待快乐会延续下去，没有自我感或是对事物的执着。这不是工作而是单纯的游戏。这不是一种奋斗而是无为。这不是按照计划行事，而是让事情自然地进行。

当我们还是孩子时，最平常的事就可以让我们为之神迷。我还记得拥有第一盒彩色笔时的喜悦，还有用喷壶创造出彩虹时的悸动。同样难以忘怀的是我第一次制作叶子标本时，对大自然创造出的各种色彩、形状及形式神迷不已。我们很单纯地把事物当成是事物时，就可以发现这世界原本充满了神奇。但是我们的“自我”一旦增长，我们的世界就逐渐变得迟钝了。现在只剩下“自我国王”坐在宝座上，对着眼前的事物叱喝出它的咒子：“这里头有我的份吗？”这么一来，所有的奇迹都不见了，每件事都变成了一种满足“自我”的手段及工具。美变成了丑陋的功利主义者的受害者。

真正的美是一种放下自我以及不透过我来看世界的能力。诚如克里希那穆提所指出的，“当你的心不再想要‘更多’，也就是不想在未来拥有什么或变成什么”时，那种内在的自由就出现了。换句话说就是活在当下这一刻。

问题是放下自我听起来太像自杀，而弃世听起来又好像在拔牙。故事里的年轻人很难过地离开了耶稣。甚至连耶稣的门徒都觉得不安，甚至还问道：“这样谁能得救呢？”但是从耶稣那儿，他们却得到了一个神秘的答案：“在人这是不能的，在神凡事都能。”

或许理解宗教修持最好的办法就是跟艺术上的练习做比较，任何的艺术形式都可以。从某方面来看，诺曼·麦克林父亲的哲学已经简要地描述了一切：“对他来说，所有美好的事物，不论是鳟鱼或永恒的救赎，都来自于恩宠，而恩宠来自于艺术，但艺术却是得之不易的。”这是我看过的最佳禅语之一：所有美好的事物都是恩宠、艺术和工作的成果。

艺术向来都是得之不易的。从《马太福音》的第 5 章 20 至 47 节，我们可以知道它有多么困难。读这些章节真是令人震撼！听听耶稣说的：“只是我告诉你们，凡看见妇女就动淫念的，这人心里已经与她犯奸淫了。”不仅不准触摸，连看都有罪！耶稣对愤怒的观点也同样是严厉的：“凡骂弟兄是魔利的，难免地狱的火。”如果此话当真，我知道在地狱里我一定不会寂寞。至于“要爱你们的仇敌”的说法，又有多少人可以做到呢？所以艺术得之不易呀！

耶稣的轭到底有什么秘密？

现在让我们把这些教诲跟典型禅师的教导比较一下。在佛教众多的宗派与系统中，禅宗通常被称为“懒人的真理之路”（这也是我喜欢它的原因之一）。一位禅师曾经对禅式生活作过以下观察：

> 弃绝知识、无所事事乃是道人的悠闲作风；他不去幻，也不追逐真理。

这两种说法多么不同啊！从表面上看，耶稣所教导的宗教生活与禅的教诲几乎没有任何相似之处。如果你还记得第二章的内容，你应该知道禅的重要元素之一就是无为，也就是不挣扎、不努力。道是轻松的，安逸的。但是耶稣上述的教诲却恰好与无为之道相反。还有一些其他的差异：禅的教诲似乎是无道德感的（它应该是超越道德的），然而耶稣的教诲却带着浓厚的道德色彩。禅的教诲通常是简明扼要的，耶稣的教诲则冗长又苦口婆心。我们怎么能从其中看出端倪呢？

如果这样还不够令人困惑的话，让我们来听听耶稣在另外一个场合所说的话：

> 凡劳苦担重担的人，可以到我这里来，我就使你们得安息。我心里柔和谦卑，你们当负我的轭，学我的样式，这样，你们心里就必得享安息。因为我的轭是容易的，我的担子是轻省的。（《马太福音》第 11 章 28 至 30 节）

耶稣的话是否自相矛盾呢？果真如此的话，他就是一个禅师了。因为自我矛盾便是禅的象征。他一方面说“我的轭是容易的”，另一方面又说“在人这是不能的”。我们如何解开这个谜呢？灵修之路到底是困难还是简单的？耶稣的轭到底有什么秘密？在另一个问题中埋藏着我们需要的暗示：你如何能听到单手击掌的声音？

在讨论答案之前，让我与你分享以下这则禅笑话：“换一个灯泡需要动用多少个禅师？”答案是两个：一个换灯泡，另外一个不换灯泡。悖论便是禅的教学方法。

灵修到底是容易的还是困难的？要回答这个问题，同样得用似是而非的态度。另外还有一个答法就是，它既不困难，也不容易。禅宗三祖僧璨曾经说：“大道体宽，无易无难。”苏菲诗人鲁米（Rumi）的寓言或许有助于了解这个悖论：

从前有三个盲人生平第一次遇见象。第一个人摸到象的一只大腿，于是他说：“它很像一根柱子。”第二个人摸到象的一只耳朵，于是他说：“它像一把大扇子。”第三个人摸到了象的鼻子，他说道：“它像一条蛇。”他们每个人都各持己见，一直争论到太阳西沉为止。

每个盲人说得都对，也都错了。同样地，灵修之路可以说是容易的，也可以说是困难的，它们并不相互抵制而是互补的，就像一个铜板的“正面”与“反面”，要看你从哪一面来看这个铜板。

耶稣确实比较强调宗教修行困难的一面，而鲜少提容易的那一面。他显然想把那已经沉重万分的负担变得更令人难以忍受。至于律法和先知们，耶稣曾说过：

> “莫想我来要废掉律法和先知。我来不是要废掉，乃是要成全。我实在告诉你们，就是到天地都废去了，律法的一点一画也不能废去，都要成全。所以，无论何人废掉这诫命中最小的一条，又教训人这样做，他在天国要称为最小的。但无论何人遵行这诫命，又教训人遵行，他在天国要称为大的。我告诉你们，你们的义若不胜于文士和法利赛人的义，断不能进天国。”（《马太福音》第 5 章 17 至 20 节）

至于“成全律法”这一点，他却把以行动为准的道德律改成了以思想为基的准则。摩西的法律禁止通奸，耶稣的新伦理甚至令淫念也变成了一种罪。同样地，那旧式的说法“你不该杀人”也被换成了：“只是我告诉你们，凡向弟兄动怒的，难免受审断；凡骂弟兄是拉加的，难免公会的审断；凡骂弟兄是魔利的，难免地狱的火。”（《马太福音》第 5 章 22 节）

很明显，这种法律现在已经不切实际了。因为我们不但无法完全控制自己的行为，更别提完全控制自己的思想了。譬如禁止淫念就是不可能办到的事。中国人有这么一个说法：男人都像猫，猫没有不偷腥的。因此，谴责像性欲这么自然的本能冲动，已经是荒谬的事了。一些神学家与《圣经》学者试图将耶稣的要求降低，声称他不是责难所有的性欲而只是邪欲罢了，但我还是无法区分这两者。我们应该在何处划下界线呢？

总而言之，他们误解了耶稣的整个观点：耶稣其实是在搞笑和展现非理性的一方！他刻意把他的伦理变成了无法遵循的严格标准。这里面隐藏着一个秘密：他的道德标准从来不是为了让人达到的！如果你不确定这一点的话，那么就试着去找到一个从来没生过气的人，或是一个真的能爱他或她的仇敌的人。

能生效的道德律只可能是一种自我打击

若想弄清楚道德律在灵修上所扮演的角色，圣保罗的看法是很重要的：

> 律法本是外添的，叫过犯显多；只是罪在哪里显多，恩典就更显多了。就如罪作王叫人死；照样，恩典也借着义作王，叫人因我们的主耶稣基督得永生。(《罗马书》第 5 章 20 至 21 节)

对灵修的生活而言，“合理”的道德律是无用的。根据保罗的说法，任何一种道德律的心灵使命都只是在彰显人性的弱点，并呈现出神的恩典。其用意是在增强而非减少罪行。因此，能生效的道德律，只可能是一种自我打击！就像我们在第八章里所说的，失望就是通往解脱的坦途，而救赎就埋藏在认清自己的无助里。耶稣说：“在人这是不能的，在神凡事都能。”他这是用很独特的方式来解说，救赎的奥秘不在人为的努力，而在于放下。灵修可以是容易的也可以是困难的，完全取决于你是否领悟到眼前的境遇是无望的。在你领悟之前，一切都显得非常困难，领悟之后就容易了。

这是理解耶稣的新伦理的唯一方法：这是耶稣用来诱导我们解脱的一个烟幕。耶稣特意将标准定得很高来帮助我们了解，我们是无法靠人为的努力而得到解脱的。听起来像是一种拐弯抹角的教学方法，但是从心理的角度来看却是意义非凡的。因为人类是一种很奇特的生物，我们在私底下有一种被虐倾向，总喜欢困难的事务。如果直截了当地告诉我们真理是什么——解脱来自于神的恩典（也就是说，不是人为的努力），我们大概只会忽略掉它。相反，如果你告诉我们必须透过一套折磨人的道德律，包括压抑对异性的渴望、控制内在翻腾的怒火才能得到解脱，那么就会有很多人找上门来。因为每一个人都喜欢当英雄，并且愿意付出很高的代价做令人尊敬的英雄。

在中国的兵法里，有一种策略叫作“以退为进”，这正是耶稣所使用的方法。他造了一个迷阵，里面布满了镜子与隐藏的密道，来诱惑我们进入救赎。耶稣原本可以坦白地告诉我们，解脱是一种恩典，而不是努力得来的成果，但是他不愿意违逆人性。如果你能善用某个东西来达到目的，又何必打击它呢？因此耶稣在救赎身上标了一个虚假的高价，而其实它是免费的。他这么做是以自我来攻克自我。他是在随顺道。这就是耶稣的无为，其中有许多智慧及柔顺，而且是非常有效的！巧合的是，耶稣的这个教学方法和临济宗十分相似。禅的传承有两个学派：曹洞与临济。曹洞禅强调静坐冥想，临济禅强调公案的使用。我们在前面几章已经介绍过几个公案。值得注意的是，大多数的公案并没有解答，它们是用来反映人类无助的本质的。艾伦·沃茨将公案定义为：承认有一个无法用智力来解决的问题，答案与问题之间没有任何逻辑上的关联，而问题本身则是要彻底击败智力活动。

这听起来难免刺耳，不过公案的整个目地确实是要诱发挫败感。学生可能会在某个公案上花掉几天甚至几个礼拜的时间，却没有任何进展。重点是为了让学生感到疲惫与挫折，最后他才能领悟努力是无法解决问题的。有了这样的领悟他才会放下而得到解脱。以禅的语言来说，这就叫作“撒手悬崖，死里求生”。这是达到彻悟很重要的一步。

大道既不容易也不难，容易与困难只是同一条路的不同阶段罢了。如同大多数的艺术家一样，若是不练习几千个小时，就不可能变成“高手”；大多数的人如果不先经历困难，是不可能步上心灵坦途的。一个公案的“不可能性”通常很明显，矛盾的是，最明显的可能也是最难被看到的。

单手击掌的公案就是一个很好的例子。这显然是一种毫无道理的情况。因为，一只手如何能自己击掌呢？你想了又想，终于想出一个答案来。但重点却是不要去想！你一定很讶异有多少禅生花了数小时、几天甚至几星期来解这个公案，从不同角度来看这个问题，还找出了许多富有想象力的解答。是的，我们经常会自作聪明！同样的，为什么我们得花好长一段时间才能了解，企图断掉所有的淫念或灭除掉我们的愤怒是不可能的事？我想出的唯一解释就是，我们被自己的认真害了，由于过度紧张，所以我们无法领会耶稣的幽默。

一切美好的事物都来自于恩宠，而恩宠又来自于艺术，但艺术却得之不易。这是对灵修所下的一种很美的结论，也是一个悖论。喜欢用逻辑来思考的人可能会问：如果一切都来自于恩宠，为什么还需要艺术呢？麦克林的话语似乎只是以诗意的手法来改写基督教传统对进入天国的方式的争论：仅靠着对神的信心，还是凭着一己之力。

解这个谜之前，先想一想钢琴家演奏得“优美极了”是什么意思。优美难道不是在暗示一种从容不迫的动作吗？这就是恩宠的真意：所有的努力、冲突、思索和挣扎都不见了。恩宠是一种完美的境界，它是无为的。

然而大多数的人都对“工作伦理”上了瘾，还有许多人认定天下没有白吃的午餐，一旦有问题发生，奋力就成了他们的第一个反应。事实上，练习或工作乃是恩宠的首要条件，要达到不费力是需要一番努力的。在心灵的修练中，确实需要一番努力才能了悟努力的无效。

若想知道为什么恩宠与练习是相辅相成的，我们就必须了解练习乃是培养任何一种艺术能力的重要机制。以走路的艺术为例，你可以从孩子学走路这件事上学到很多事。走路其实是我们最早的一种灵修经验。你知道走路有多么神奇吗？要把这件事做好，需要一整套的肉体技艺和心智的协调能力。奇妙的是孩子们就这么开始走起路来了。他们不需要去理会该用哪块肌肉或是拉哪一根肌腱。事实上，他们完全不需要任何理论、知识或思考，便自然会走路了。这件事与左脑没有一点关系。孩子只需要把自己交给自然就够了。修练只有一个作用，那就是学习不去担忧或受失败威胁，然后把一切交给自然。也就是要发展出真正的信任！

学习其他的艺术也是同样的。艺术家必须学会放下自我。最上乘的表现秘诀就在完全放松，不去担忧成败。技艺纯熟的迹象便是自我意识的消逝。当一场演出达到“优美”的程度时，演出者已经没有任何的自我造作，而是变成了一个工具。因此，从究竟的角度来看，所有的修练都是在学习信任及放下自我。只要有一丝的挣扎或担忧，我们就该知道自己还没达到那种境界。只有不再担忧自己是否能成功，才能臻于卓越。它是在游戏之下才能发生的！

禅就是一种臻于卓越的艺术。禅修之人的工作是要做到大忘——忘掉自己那些想要表现、征服、担忧或胜过别人的需求。因为这些都只是自我破坏罢了。修练就是学习不去思虑什么。老子对所有的艺术家做出了忠告：修道跟得到了什么或累积了什么无干。我们要学习的只有忘我和放下。

活得美就是活得没有任何挣扎。若想活得没有任何挣扎，必须拥有一颗平常心。嵩山禅师的一名学生与家人在海滩上度过了一天，他发现有一个人在海边以端正的姿势静坐，完全无视周遭的人群。然后这个人站起身来，钻进冰冷的海水里长达十五分钟之久。这位学生后来写信给禅师说："这个人的心真的空了吗——他能够在冰冷的海水里待着，代表他是没什么感觉的？"嵩山禅师回答如下：

> 禅是澄明之心，永远保持着澄明之心。澄明之心也意味着平常心即是真理。如果有人认为："我想体验苦修的滋味。"那也无妨。但如果他们一直苦修，就代表他们是在刻意制造些什么。如果你刻意去制造些什么，如果你执着于某样东西，那个东西就会阻碍你，而你就无法完全解脱了。也许你还是能从那样东西里得到某些自由，但绝非彻底的解脱。然而什么是彻底的解脱呢？心中不要存着"我"或"我的"或"对应于我"的观念。然后你就能看见，也能

听到了——眼前的每一件事都是彻底的解脱，没有任何特殊之处。

如同嵩山禅师指出的，平常心的反面就是英雄主义之心。耶稣对这点了解得很清楚；它又叫作形式主义者（Pharisees）的心，或者自我（我—我的—对应于我）的心。不论在古代或现代，形式主义者都是自我（我—我的—对应于我）游戏的玩家，他们总喜欢在人群中突显自己。这些形式主义者在耶稣时代过着一种苦行的生活，叫作“遵循一千零一条规则”。他们主要是想变成道德上的超人，但若想成为超人是要付出不合理的代价的。事实上，“形式主义者”这个名称已经透露出了许多意思，它指的就是孤高的人。形式主义者的苦行生活是非常艰难的，所以他们必须从日常生活中抽离出来以便修行。

形式主义并未消失，从“超人”这种电影的广受欢迎，就知道英雄意识仍然活跃于人心。大多数人仍然是这个超人文化的奴隶，所以虽然活在富裕的社会里，却并不快乐。野心，也就是钱财、威权和功名的驱力，已经被倒行逆施，成为资本主义社会进步的燃料。自相残杀的世界就是这样被创造出来的，但是这一点却被大部分的人所忽略了。野心是一种“美德”，这个观念早在幼儿园的阶段就输进我们脑子里了。很少有父母不希望自己的子女能成龙成凤的，也很少有人能意识到我们的教育系统已经演变成一具残忍的机器，不停地把信息塞入孩子们的小脑袋瓜里，为的只是要满足我们的“成就欲”。这种情势如果继续发展下去，未来一年级的孩子很可能就要学微积分了。

野心对事业有利也有弊，但是对心灵的健康绝对是有害的。

曾经有人问路易斯，基督徒为达到个人成就而持有野心，是不是一种错误？他的回答如下：

野心！我们对它的定义必须十分谨慎。如果它指的是想要领先别人的一种欲望——我认为这就是它的真实意义——那么它就是不好的；如果它指的是单纯地想把事情做好，那么它就是好的。

从某个角度来看，禅正好是野心的反面；它即是平常心。禅修一开始就要排除掉凡圣之分的偏见。因为这种分别之心便是问题的根源。六祖慧能在《坛经·无相颂》里提出了以下的训诫：

心平何劳持戒，行直何用禅修。

这是非常幽默的一段话。慧能大师可能是禅宗史上最有名、最受尊崇的人了，但是他却否定了打坐——传统的习禅方式——的用处。事实上，他更进一步否定了开悟这件事，而开悟正是禅宗传统中的圣杯。慧能在经中别处提到：最终看来，根本没有开悟这件事，更别提打坐了。

宗教的终极目标就是废除它自己

放下独特的事物，珍惜最平常的事，就灵修而言是最合乎逻辑的一种结论。因为只有否定那最殊胜的事（开悟），“平常心”才有可能出现。老子说过：“圣贤不死，大盗不止。”为了圣洁的理由而奋斗仍是一种自我的表现，同样地，耶稣大师也教导过平常的美德：

> 但你们不要受拉比的称呼，因为只有一位是你们的夫子，你们都是弟兄。也不要称呼地上的人为父，因为只有一位是你们的父，就是在天上的父。也不要受师尊的称呼，因为只有一位是你们的师尊，就是基督。你们中间谁为大，谁就要作你们的用人。凡自高的，必降为卑；自卑的，必升为高。（《马太福音》第23章8至12节）

耶稣说过一句很平常的话："凡劳苦担重担的人可以到我这里来，我就使你们得安息。"这真是一句金玉良言。诚如田立克所观察到的："他（耶稣）把我们从宗教中解放了出来。他们都在制造新的宗教律法，他却超越了一切的宗教律法。"

宗教的最终极目标就是废除它自己。

第十章　使人污染的是什么？

岂不知凡入口的，是运到肚子里，又落在茅厕里吗？唯独出口的，是从心里发出来的，这才污秽人。

——耶稣

言者不知，知者不言。

——老子

所谓的倾听到底是什么意思？只是单纯地听吗？

我常想，人如果又聋又哑，不知是什么情况。那会是一个完全没有语言、文字或符号的世界吗？一个彻底寂静的世界？如果真想了解什么是神圣（the Holy），或许该从这里开始谈起。

虽然我不聋也不哑，但是我知道偶尔当别人说话时，我并没有在听；当我说话时，也不是真的在沟通。这种时刻我就是一个又聋又哑的人。而且我知道并不是只有我是这样的。总而言之，大多数的人都喜欢说话而不喜欢倾听。我们是被自我迷恋所困的一群人，我们被早已失去意义的一些话语所缚，被那些永无止境的妄想所麻痹。

我家附近的一个禅修中心偶尔会举办禅七活动，而参与者必须是禁语的。我的太太曾参加过一次禅七。我没有勇气参加，因为一个星期的禅坐似乎是保证让屁股疼痛的方式！七天里，学员要完全保持肃静，没有报纸，没有电视，不能听电话，完全禁语——看起来跟文明彻底隔绝了。这样的一周对现代人而言，将会是一种完全无法想象的经验，因为我们的主流文化实在太强调语言文字了。不过我在想，一旦度过了最开头的抗拒和适应阶段，参与者很可能会体认到完全不同的东西。一种被称为美的东西。或许这是我们偶尔都该做的事。也许我们得经验一下耳聋的滋味，才能学会倾听；得体验一下当哑巴的滋味，才能学会如何表达自己。

所谓的倾听指的到底是什么？只是单纯地听吗？只是被动地接收外在声响的刺激，造成耳膜内机械化的振动，然后将其转变成电子信号以及输入到脑子里的一连串数据？的确，这件事本身就是一种奇迹。它真是复杂极了！可是就仅止于此吗？如果真是如此，那我们为何跟自己的配偶、子女或同事这么难沟通？如果听是一种与生俱来的本能，那为什么还有这么多人在讨论沟通的技巧？

或许我们可以从一位失去听力而变成倾听的艺术家那儿，得到一点帮助。汉娜·麦克（Hannah Merker）是一位听障作家，她说过，“倾听指的就是觉知、去留意并且耐心地等待下一个可以沟通的讯号”，“听并不是永远只靠耳朵来交流”。她与我们分享了她对禅的倾听的洞见：

我们该如何为“听”下定义，才能将听障人士与朋友交谈或独自在海边漫步时，所发生的互动现象包含在内……他们的耳朵似乎错过了许多东西。奇妙的是，人体似乎能将这个缝隙补上。如果大地的能量可以被觉知成一种轻微的低语，甚至是无声，那时其他的感官就会变得更敏锐，更能领略在忙碌的生活里早已被我们遗忘的沟通线索。听，变成了一种视觉、触觉与直觉。听，或许只是一种心的觉知罢了。

听必定与觉知有关。我一直都相信神具有十足的幽默感。因为，与正常人相比，那些有听觉障碍的人往往是比较好的倾听者，这真是一种神奇的补偿。有听觉障碍的人学到了留意的重要，并且磨锐了其他的感官以弥补原来的不足。他们学着运用视觉与直觉，他们用心、用整个生命去“听”。他们的弱点反而增强了他们的力量。

听很简单，倾听却很困难。只有少数人能领会倾听是一种能力而不是本能。照这样看来，它应该是一种艺术，是需要学习的。倾听就是对周遭的真相保持相当程度的敏锐性。一个好的倾听者是活在每一个当下的，他会留意眼前所发生的事。如同柏西·巴克（Percy C. Buck）所观察到的：“倾听就是去留意耳朵听到或听不到的声响。”禅就是这么一回事：一种超越语言的倾听。

没有能力倾听并不是现代人专属的问题。耶稣经常抱怨公元一世纪时人们不能倾听这件事：“你们为什么因为没有饼就议论呢？你们还不省悟，还不明白吗？你们的心还是愚顽吗？你们有眼睛，看不见吗？有耳朵，听不见吗？也不记得吗？”（《马可福音》第 8 章 17 至 18 节）倾听与神圣之间的关系在《以赛亚书》就已经被确立了，神当时命令先知以赛亚：

他说，“你去告诉你的百姓说：你们听是要听见，却不明白；看是要看见，却不晓得。要使这百姓心蒙脂油，耳朵发沉，眼睛昏迷；恐怕眼睛看见，耳朵听见，心里明白，回转过来，便得医治。”（《以赛亚书》第6章9至10节）

最后一句话最有趣。我们经常将“神圣”（holiness）这个字词与一个不同的东西联想到一块儿。其实这样的想法与神圣是完全违背的。如果探究它的字根，我们会发现神圣源自于“完整”这个字（whole，希腊文是holos），它又跟“治疗”（heal）及“拯救”（save）极为接近。在詹姆斯国王钦定的《圣经》版本（King James Version）里，“使其完整”（make whole）经常会代替“治疗”这个字。神圣是一种完整的状态。上面的最后一句话暗示着，神圣与我们用眼睛去看、用耳朵去听、用心去感觉的能力有关，虽然它并未说出原因何在。但值得注意的是，看、听及感觉都是右脑的活动。

不幸的是，我们的文化往往贬低了倾听的价值。我知道有许多人对于付给心理医生一笔可观的费用不以为然，因为他们什么事都没做，只是倾听罢了。这些人从来未想过倾听是治疗很重要的一部分。确实没错，心理治疗的过程经常都是治疗师倾听病患说话。但是不要忘记，在许多的古代文明里，说故事一向是一种神圣的艺术，它真的是一种能够赋予存在意义及整合生命经验的一种艺术形式。治疗师的倾听至少提供了两项神圣的功能。首先，它创造了一个让病人说故事的教育环境；第二，它表达了关怀，并且象征着两个人已经克服了彼此的疏离感。当然，倾听的价值是普世性的，不只是局限于心理治疗。我有一位当护士的朋友正在写她的硕士论文，在看完我这本书的草稿之后，她告诉了我她的想法：

> 我在论文中谈到，我发现护士如果能倾听病人与家属的心声，不但能促进他们的关系，甚至可以预测病人的死期。从这个观点来看，倾听的重要性远远凌驾于一切护理技术之上。全心全意的倾听往往能带来真实感与信任。

文字是污染的源头？

如果说神圣与眼和耳有关，那么染污就似乎与嘴有关。耶稣在一次神秘的教诲中告诉了我们染污的源头："你们要听，也要明白。入口的不能污秽人，出口的乃能污秽人。"（《马太福音》第15章10至11节）当他的弟子请求他详细解说时，耶稣又说道：

> 岂不知凡入口的，是运到肚子里，又落在茅厕里吗？唯独出口的，是从心里发出来的，这才污秽人。因为从心里发出来的，有恶念、凶杀、奸淫、苟合、偷盗、妄证、谤靠。这都是污秽人的。至于不洗手吃饭，那却不污秽人。（《马太福音》第15章17至20节）

犹太基督教传统与东方神秘主义之间在这里产生了关联。神圣体验跟宁静的心息息相关，耶稣在《以赛亚书》中早已将嘴与染污连在一块儿了，先知以赛亚描述过他的神圣体验：

当乌西雅王崩的那年，我见主坐在高高的宝座上。他的衣裳垂下，遮满圣殿。其上有撒拉弗侍立，各有六个翅膀：用两个翅膀遮脸，两个翅膀遮脚，两个翅膀飞翔；彼此呼喊说：

圣哉！圣哉！圣哉！万军之耶和华，他的荣光充满全地！

因呼喊者的声音，门槛的根基震动，殿充满了烟云。那时我说："祸哉！我灭亡了！因为我是嘴唇不洁的人，又住在嘴唇不洁的民中，又因我眼见大君王——万军之耶和华。"

有一撒拉弗飞到我跟前，手里拿着红炭，是用火剪从坛上取下来的，炭沾我的口，说："看哪，这炭沾了你的嘴，你的罪孽便除掉，你的罪恶就赦免了。"（《以赛亚书》第6章1至第7节）

注意：燃烧的炭碰触先知以赛亚的嘴唇，他的罪过立刻就被赦免了。这到底象征了什么呢？为何如此强调嘴与唇？这又跟神圣有什么关系？我们如何解释以赛亚的这个公案呢？这与耶稣对污染的教导又有什么关系？或许我们可以在大乘佛教《维摩诘经》的一段故事里觅得一点帮助：

尔时，维摩诘谓众菩萨言："诸仁者！云何菩萨入不二法门？各随所乐说之。"……如是诸菩萨各各说已，问文殊师利："何等是菩萨入不二法门？"文殊师利曰："如我意者，于一切法，无言、无说、无示、无识，离诸问答，是为入不二法门。"于是文殊师利问维摩诘："我等各自说已，仁者当说，何等是菩萨入不二法门？”时维摩诘默然无言。

文殊师利叹曰：“善哉！善哉！乃至无有文字语言，是真入不二法门。”

这件事广为禅行者所赞扬，并喻为“维摩诘如雷贯耳的沉默”。现在我们应该更了解，耶稣对染污本质的洞见及以赛亚公案的奥秘。染污人的往往是从人的嘴里出来的，然而从人嘴里出来的通常是言语、言语、更多的言语！言语便是问题所在。我们被我们的言语所污染，而言语即是思想的反射。

言语有什么不对？为何它们是污染的源头？在进入这个主题之前，让我们看一看关于言语被发明的传说及其意义。根据中国的神话，人类发明言语文字之际，上天为之震动，苍灵为之哭泣，这是何等重大的一件事！语言在犹太基督教的传统里有同等的重要性。《创世纪》中记载，人类在巴别造城时，一件意外使他们的语言被混淆了，以至于无法沟通而分裂（《创世纪》第11章1至9节）。约翰福音是这样描述的：

太初有道，道与神同在，道就是神。这道太初与神同在。万物是借着他造的；凡被造的，没有一样不是借着他造的。生命在他里头，这生命就是人的光。（《约翰福音》第1章1至4节）

若想了解神圣（Holy）是什么，我们必须先了解语言是什么，然后才能了解整个思想的过程。

语言里到底包含了什么？它难道不是思想的结晶吗？构成语

言的是思想，而构成思想的就是概念。在整个语言结构的最底端就是概念，而概念也可说是心智的乐高积木。

首先要注意的是，文字跟它想要表达的事实不可能是完全吻合的。它充其量只能说是一种隐喻。当我们说“花”的时候，花并不会从我们嘴里跳出来。如同波兰伯爵科尔基布斯基（Alfred Korzybski）所说，“地图并非版图”。

概念必然是抽象的，抽象必然是简化的。因为是简化的，所以概念无法捕捉到生命所有的细节、丰富性、变易性及整全性（完整而不可分割的本质）。尼采对语言表达了以下的看法：

> “事物本身”（没有加入任何论断的纯粹真相）是语言的创造者无法理解也不重视的……每一个概念都会经历我们内在“对比”的过程，也就是将那不相等的变成相等的过程而建立。没有一片叶子完全与另外一片叶子相等，“叶子”的概念是从众多的不同中抽象地建立起来，再经由忘却这些差别性而形成的；现在，有新的观念升起，或许在自然界中已存在某些东西是叫作“叶子”的——某种原始的模式。其他一切的叶子都是依照它的模式被编织、画记、复制、上色、卷曲、涂上油漆等，但是因为是假手于拙劣的技术，以致没有一张复制品能与原模式有同样正确、可靠与诚信的形象。

让我们拿杯子为例来解说变易性（fluidity）是什么。在字典里杯子的定义是：一个用来喝饮料的有开口的小容器。但是，杯子这个概念真的能解释我们所谓的杯子的细节吗？我可以用同一个杯子来当镇纸、乐器（声音很好听）、武器（可以用来打人）、圆规（可以用来画圆形），如果真有急需的话还可以当作尿壶。

现在再来谈谈整全性（integrity）的问题。拿“米”这个字来说，对于不是以米为主粮的西方人而言，米这个字的意义并不大。但是像我这种在传统中国家庭里长大的人，“米”这个字的意义却非常重大。我小的时候，祖母告诉我，碗中的每一粒米都必须珍惜，因为它们是汗水与辛劳的结晶（古时候，务农是很辛苦的事）。当我们吃米饭时，必须想到辛苦耕种的农夫。同样地，也该想到父亲，由于他辛苦地工作，我们才有食物吃，连带还要想到他的客户、他的员工。然后，再返思并感谢大自然，赐给植物成长所需的太阳、云和雨，使我们得以收割。

觉知生命的完整性，认清我们的相依性，赞颂我们的一体性

因此，中国人对米的这一连串深思，就等于西方人餐前的感恩祷告，两者都是很美的习俗和仪式。在这些感恩的仪式中我们要提醒自己，我们跟与宇宙以及世上所有的人与事之间，有一种相依相生的关系。我们可以从威廉·布莱克不朽的名言里领会这个意思：从一粒沙（米）看到整个世界……神圣便是由此开始的：觉知到生命的完整性（wholeness），认清我们的相依性（interdependency），赞颂我们的一体性（oneness）。

不幸的是，“米”或“面包”这些字眼都无法传达出这份整全性。在抽象化的过程里，很多东西都遗失了。我们无法在“米”这个字里看到农夫的辛劳，或是重新创造出一份感恩的心情，也无法为我们的互即互入而欢庆。如尼采所说：“与音乐相

比，一切语言的沟通都是可耻的;语言将事物稀释而且是残忍的;语言使人丧失了个人的特色；言语使得不平凡变成了平庸。”的确，语言只能亵渎和染污！一行禅师（Thich Nhat Hanh）在“垃圾与鲜花”这个章节里为我们解说了抽象化的另一个问题:

> 染污的或是无瑕的，肮脏的或是纯洁的，这些都是我们心中形成的概念。
>
> 一枝刚剪下来插在花瓶的玫瑰是纯洁的，它闻起来很香、很新鲜。垃圾桶正好相反，它闻起来很臭，里面装满了腐烂的东西。
>
> 然而这是因为我们只看到表面。如果看得更深入一点我们会发现，五六天后玫瑰花就变成垃圾了。只要深深地凝视着那朵玫瑰，我们现在就可以看到这一切了。再看一看那个垃圾桶，我们会发现几个月之内，里面的垃圾将会转变成可爱的蔬菜，甚至玫瑰花。如果你是一个用有机方法来种植蔬菜的园丁，你会在一朵玫瑰的身上看到垃圾；也可以在垃圾的身上看到玫瑰。玫瑰与垃圾是同时并存的。没有玫瑰，我们就不可能有垃圾；没有垃圾，我们也不可能有玫瑰。它们彼此都非常需要对方。玫瑰与垃圾是平等的，垃圾就像玫瑰一样珍贵。如果深入去看染污与无瑕的概念，我们就能回归到互即互入的观念上。

形容词是危险的，它们会创造出一种事物独立存在的印象，而事实上那种独立性是不存在的。缺少了坏，哪儿来的好？缺少了染污，哪儿来的无瑕？没有贫穷，哪有富裕？没有黑暗，哪有光明？这些所谓的相对之物，必须相互依靠才能存在，难道不是吗？我把这一章的草稿拿给我的一位当老师的朋友看，他告诉我，他已经开始在教他的孩子们把反义字当成互补语（complements，指的是一对彼此互补才能使意思完整的反义字）。这真是一个教育年轻人有关生命的完整性的好方法！

当我们攻击、批评或谴责一个现象时，会发生什么事呢？如果我们将一个人隔离开来，并且称他为蠢蛋、垃圾或更糟的东西时，会发生什么事？我们的举止就好像那个人是一个被隔离的、孤立的存在，不是吗？就像耶稣时代的罗马总督彼拉多（Pontius Pilate）一样，我们撇清一切地向世界宣告："我与这件事无关！"难道我们真的一点责任都没有吗？当罪行发生时，当世上有人挨饿时，当孩子被遗弃时，当某个女人为了讨生活而成为妓女时，我们真的能撇清这一切吗？

气象预测里有一种现象叫蝴蝶效应（Butterfly Effect）。这个观念指的是，如果今天在北京有一只蝴蝶振动了它的翅膀，那么下个月纽约就可能会出现暴风雨。这个观念很鲜活地说明，如果在一个大系统中加入些微的变化，就可能对整个系统造成巨大的影响。也许我们都该把自己看成是一只小小的蝴蝶。

一切差异在神那儿都消失了

古代的犹太人有一种观念，他们认为只要有一个人犯了罪，整个国家就都犯罪了。佛教徒也有一种共业的观念（由众生共同造成的业力）。佛陀里的缘起法（dependent co-origination）指的是世间万物必须倚赖其他的事物而存在，因此世间没有单独存在的东西。同样，当我问我的伊斯兰教朋友他们教派里最重要的教诲是什么，她毫不犹豫地告诉我，“真主就是一体性”乃是一切宗教的基础，虽然我们的语言时常无法反映这个基本事实。

如果你是个基督徒，但对这个一体性的观念还不太熟悉，那么《马太福音》以下的章节也许可以帮助你：

> 当人子在他荣耀里、同着众天使降临的时候，要坐在他荣耀的宝座上。万民都要聚集在他面前。他要把他们分别出来，好像牧羊的分别绵羊山羊一般，把绵羊安置在右边，山羊在左边。于是王要向那右边的说：“你们这蒙我父赐福的，可来承受那创世以来为你们所预备的国；因为我饿了，你们给我吃，渴了，你们给我喝；我作客旅，你们留我住；我赤身露体，你们给我穿；我病了，你们看顾我；我在监里，你们来看我。”义人就回答说：“主啊，我们什么时候见你饿了，给你吃，渴了，给你喝？什么时候见你作客旅，留你住，或是赤身露体，给你穿？又什么时候见你病了，或是在监里，来看你呢？”王要回答说：“我实在告诉你们，这些事你们既做在我这弟兄中一个最小的身上，就是做在我身上了。”（《马太福音》第25章31至40节）

你知道活出神圣的精神是什么意思吗？你想知道自己有多神圣吗？这里有一个简单的测试：你真的可以在每个人身上看见神性吗？我指的是每一个人。光是在你的神父或牧师、你的上师、你的导师、你的父母身上看到神圣是不够的，耶稣真正的意思是：基督就在那些乞讨的流浪汉身上、在那些受苦的艾滋病患者身上、在那塞满了牢狱的罪犯身上……如果看到这样的人，你会做什么？藏传佛教最基本的修行之一，就是把每个人都当成佛。想想看，光是把每个人都看成是无罪的、不污秽的、没有恶意的已经很难了，更何况是把每个人都看成佛或基督，而且社会或许已经在他们身上贴了罪犯、恐怖分子、妓女的标签，尽管如此，我们还要在这样的人身上看到他们的神性。活出神圣，就是看见我们都是一体的。

耶稣说我们都被我们的言语及思想污染了。若想真的了解什么是污染，我们首先得知道我们的左脑是如何运作的。语言是由思想所促成的，而思想又是由心所生的。然而思想到底是什么？当我们形成干净与不干净、纯净与染污、善与恶、自己与他人的概念时，会发生什么事？那时我们就是在界分、孤立、分裂，并且设立起人为的边界，难道不是吗？那时我们就等于在说干净的与不干净的是毫无关联的，纯净的与染污的没有任何关系，善与恶是各自独立的。我们忽略了将我们紧紧联系在一起的一体性。这么一来，我们就脱离了实相，并且违反了生命的完整性。事实上，在这个相互依存的世界里，所有的差异都是独断的。如同艾克哈特大师（J. Eckhart）所说的，一切差异在神那儿都消失了。

我们现在应该比较了解，为何天使要用一块烧红的炭去碰触先知以赛亚的唇，为何耶稣要我们注意那些从嘴里出来的东西。这些隐喻指出了思想暗自形成的过程。如同圣保罗所说："我凭着主耶稣确知深信，凡物本来没有不洁净的；唯独人以为不洁净的，在他就不洁净了。"（《罗马书》第 14 章 14 节）总而言之，染污是心所创造出来的，它们是思想的结果，而且在概念化的过程里变得支离破碎和不洁净了。以下这段禅师与学生的对话道出了重点：

学生问道：老师，经上不是说一切如幻吗？那我们为何还要修行？

老师答道：没错。根本不必修行，不染着就够了。

学生问道：你能不能告诉我染着是什么？

老师答：你又再染着了！

神谨慎地暗示一个问题："是谁告诉你，你是赤裸的？"

像罪恶、染污及内疚这样的东西是如何生起的？这个深奥的问题在意大利导演费里尼（Federico Fellini）的《八部半》里可以找到最美妙的解答。影片里有一段令人难忘的场景：一群年轻人跟着一位神父到海边游玩。当神父走开的时刻里，有一名妓女经过他们的身边。男孩们从未见过妓女，不禁为之神迷。他们向她打招呼，并且询问她以何为生。"我是一个妓女。"她回答道。这群孩子不太明白这句话是什么意思，其中一名年纪稍长的男孩告诉其他人说，妓女就是以做有趣的事来营生的人。于是这群男孩彼此商量了一会儿，便决定要接受这名妓女的款待。他们收集了一些钱，交给了妓女，而妓女也觉得这件事很有趣，于是她开始宽衣解带，随兴地跳起舞来。男孩们感到兴奋极了。他们鼓掌拍手，也跟着跳起舞来。一切都很美好，直到神父回来开始对着他们大吼小叫为止。这时费里尼加入了他的禅的开释："孩子们就在那一刻变坏了，在这之前，他们还是天真无邪的。"

不要被这部影片表面的轻松喜感所骗，它不比创世纪的宇宙差！在创世纪的故事里，人类会堕落是因为亚当、夏娃吃了善恶树的果实而睁开了双眼。这真是比喻人类觉醒的一个绝佳隐喻！就因为“睁开了双眼”，所以我们才能认识这个世界，有能力区分、比较和选择。我们变成了十足的人类。

然而就像人生中的许多事物一样，意识也是一把双刃刀。意识既能增加我们存活的概率、创造出文明，也能带来苦难。伴随着智力而来的乃是恐惧、羞耻感和内疚。不论我们喜不喜欢，焦虑就是我们为觉醒所付出的代价。神小心翼翼地问了一个问题，使得情况看起来好像没有那么糟：“谁告诉你，你是赤裸的呢？”同样的一个问题，后来又被另一位禅师——耶稣——重新提出来，并且以更具有启发性的方式重新诠释为：“有人定你的罪吗？”（《约翰福音》第 8 章 10 节）

维摩诘以如雷贯耳的沉默回答了文殊师利的问题，而神也提出了一个雷霆万钧的问题：“是谁告诉你，你是赤裸的呢？”这其实是神的一个公案。在这一点上，我所看过的最佳评断应该出自于美国土生土长的神秘体验者裘·戈德史密斯（Joel Goldsmith）：

> 那个问题已经总括了人类生命的整个精髓。我们所有人都处在亚当找到了自己时同样的困境里。只要我们还抱持着善与恶的信念，我们就等于是那躲起来的亚当，被逐出伊甸园的亚当。也因为如此，我们才会遮蔽住我们的“赤心”。
>
> ……谁告诉他遮蔽住身体比赤身裸体更合乎道德？谁告诉他罪是存在的？是谁造成了这种情况？从神的问题中，我们可以看出，它已经暗示了这个情况不是他造成的。神并没

有说过赤身裸体是什么不对的事，他也没说过大地上有什么不对的事。

阿门。《圣经》的第一篇里也有同样的观察："神看着一切所造的都甚好。"(《创世纪》第1章31节）所以，罪恶原来是自欺和自责所造成的。这似乎是全世界神秘体验者的共识。有一段禅的问答录也表达了相同的观点：

有一回，一名习禅的学生向师父请教解脱之道。

师父问他："谁绑着你了？"

学生吓了一跳，但接着就说："没人绑我啊。"

师父又问道："那为何要寻求解脱呢？"

这短话为福音里某段美丽的章节带来了不同的启示，耶稣在这篇福音里提出了"不可赦免的罪"，表面上看起来这些话显得相当恐怖：

但法利赛人听见，就说："这个人赶鬼，无非是靠着鬼王别西卜啊。"耶稣知道他们的意念，就对他们说："凡一国自相纷争，就成为荒场；一城一家自相纷争，必站立不住；若撒旦赶逐撒旦，就是自相纷争，他的国怎能站得住呢？我若靠着别西卜赶鬼，你们的子弟赶鬼又靠着谁呢？这样，他们就要断定你们的是非。我若靠着神的灵赶鬼，这就是神的国临到你们了。人怎能进壮士家里，抢夺他的家具呢？除非先捆住那壮士，才可以抢夺他的家财。不与我相合的，就是敌我的；不同我收聚的，就是分散的。所以我告诉你们：人一切的罪和亵渎的话都可得赦免，唯独亵渎圣灵，总不得赦免。凡说话干犯人子的，还可得赦免；唯独说话干犯圣灵的，今世来世总不得赦免。”（《马太福音》第12章24至32节）

重返伊甸园

我一直怀疑为何有不可赦免的罪，尤其神是充满着爱的。为什么亵渎圣灵会导致永远的惩罚？这件事一直让我觉得很好奇，直到我领悟了圣灵并不是一种存在于外面的东西。耶稣教我们祈祷时揭露了这一点：

你祷告的时候，要进你的内屋，关上门，祷告你在暗中的父。你父在暗中察看，必然报答你。你们祷告，不可像外邦人，用许多重复话，他们以为话多了必蒙垂听。你们不可效法他们，因为你们没有祈求以先，你们所需用的，你们的父早已知道了。（《马太福音》第6章6至8节）

这是一个巨大的秘密：圣灵就是我们的真我以及我们生命的中心。如果我们不断地谴责或咒骂我们那最深沉的存在，那么有谁还能救我们？那就像是一种内战一样。耶稣用了“一城一家自相纷争”的比喻，这样的城邦一定是无救的。因此，第一步就是要平息内在的纷争。

神不认识罪这个东西。那位受罪恶感折磨的浪子对他的父亲说：“父亲，我得罪了天，又得罪了你，从今以后，我不配称为你的儿子。”（《路加福音》第15章21节）然而他的父亲并不理他，却叫他的仆人“赶快拿最好的衣服给他穿上，拿戒指给他戴上”，如果说罪恶是来自上帝的惩罚，那也只是一种想象，是心制造出来的幻象，它的作用就是分别、制造出偏见，为事物贴上善恶的标签。这是人类意识演化的自然结果，也是成长的一部分。犹太教牧师劳伦斯·库希纳（Lawrence Kushner）称伊甸园的这一幕为一个陷阱：

> 亚当与夏娃在伊甸园所做的事不是罪，这本来就是该发生的事。事实上，往后的每一代都在做这件事。子女不再听从父母，如此才能完成他们自己的创造。亚当与夏娃不是被蛇而是被神所愚弄了……
>
> 自治与个人化的代价就是与父母分离所带来的创伤，每一个灵魂的核心都有很深的创痛，我们并不是因为亚当与夏娃的罪而被定罪的，至于正统基督教里有关原罪的教义……这个议题跟罪、内疚甚至不顺从都无关。成为一个独立自主的成人所付出的代价就是永无止境的分离之苦。

那么解决的办法是什么？我们如何才能返回伊甸园呢？如果问题是源自觉知与智力的浮现，那么是否意味着我们该抛弃语言、思想及文明，才能重拾内心的和平？

意义如果已经被领会了，还需要为语言担忧吗？

有一件事是确定的，支离破碎的思想是无法解决心灵问题的。我们无法经由头脑进入真理，因为神圣是无法被概念化的。对于现代的男女而言，心智的力量是全能的。它已经把我们送上了月球，促成了我们在科学上的研究与技术上的突破，迟早也会促使我们找到治疗艾滋病的方法。尽管如此，心在某些事物上却是完全无能的：它无法带给我们快乐，无法阻止我们的战争，不论外在还是内在的。总之，它无法使我们完整。

那么还有其他办法吗？我们如何能破除对思想的上瘾？我们如何能医治世界的创伤？以下是圣若望（St. John of the Cross）的建议："一个人若想确定他所走的路是对的，就必须闭起眼来走进黑暗里。"

闭起眼来走进黑暗里，圣若望的忠告真是有帮助！或许我们不该只看字面上的意思。毕竟，如果人类的堕落是因为祖先吃了智慧树上的果子以至于"开了眼"，那么以逆向操作的方法来治疗应该不算太离谱。如果痛苦是源自于思维作用与概念化，或许我们应该回归到具体的事物上。布里斯说："禅就是去除世界的象征符号。"但问题是要如何去做呢？

哲人维特根斯坦作了这样的建议："不要想，只要看就够了！"圣境只能直接地体验而不需要假藉语言和思想。或许这正是圣若望所说的"走进黑暗里"。铃木大拙曾经指出："当禅要你尝到糖的甜味时，它会把必要的东西放到你嘴里，而不再说任何一句话。"从这个角度来看，禅是直接而不假手任何中介的，是具体而非抽象的，是实际而非理论的，是感觉而非智力的，是入世而非出世的。他又作了更进一步的申论：

我举起手来；我从桌子那一边拿了一本书；我听到男孩子

们在窗外玩球……透过这些动作，我就是在习禅，我就是活生生的禅。完全不需要透过语言来探讨，也不需要任何解释。

但是为了要看，必须抱持着初心，一个不带任何偏见与假设的心。初心总期待着去发现新的东西，而不是去证实什么。看，就是准备进入一个未知的世界。我们必须心甘情愿地丢掉所有的信念、知识、传统，以及所有让我们感到舒适的东西。我们必须开放自己，让自己活在易感的状态里。

一行禅师借着具体的实例来教导看的艺术。他教我们如何发现花与垃圾、高贵与低贱、富有与贫穷，尽管这些事物从表面上看来是那么的不调和。他教导我们如何当个探险家，学着把生命的绣片翻到反面，去看看背后的刺绣工夫，欣赏一下矛盾的美、臣服于实相的变易性及朦胧的本质。只有如此，我们才能打破智力的藩篱、克服孤立与分。只有这样，才能开始疗伤。

不过这些也只是倾听及留意眼前事实的一些方法。你有没有无法同时讲话和倾听的经验？或许这就是我们的问题所在。我们确实是话说得太多的一代，不论在公开场合或在私下都是如此。然而耶稣却说："岂不知凡入口的，是运到肚子里，又落在茅厕里吗？唯独出口的，是从心里发出来的，这才污秽人。"染污源自于思想。

如果我们讲个不停，如何能注意到周遭的人并与其联结呢？如果我们的内在总是喋喋不休，如何能欣赏当下的美？要能真正地倾听，心必须非常宁静而且放松，没有任何执着与烦恼。因为真正的倾听就是思想的静止，这同时也代表自己已经被忘却了。高登博士（Dr. Harvey J. Gordon）是汉丁顿听觉与语言中心的主任，他描述过倾听的本质：

当一个人不知道自己正在倾听时，也就是处在一种自然的不自觉状态……这就是一种自我消逝的形式，其中已经不再有人我之间的藩篱。

当我们全神贯注于当下、心中毫无恐惧与贪婪、不再想表现或打动别人的时候，真正的倾听才会发生。只有在这种时刻你才能体验到圣境。让我们以另一个禅宗故事来作结尾：

> 某天清晨，有位禅师正准备为弟子们开示，他刚坐上席位时突然飞来了一只小鸟，停在窗台上开始唱起歌来。它的歌声如此美妙，使得在场的每个人都如醉如痴。唱完后，小鸟便飞走了。禅师告诉弟子们："今天的开示已经结束了。"

意义如果已经被领会了，还需要为语言担忧吗？

第十一章　不要抗拒邪恶

要爱你们的仇敌，为那逼迫你们的祷告。

——耶稣

烦恼即菩提。

——慧能

为了自我存活起见，对手不该失去全部的力量

历史上最恐怖的连续杀人犯已于1993年12月31日执行死刑。虽然被告并没有提出缓刑的要求，但死刑仍未如期执行。原因是：凶手或许可以提供治愈艾滋病极有价值的信息。凶手的名字是：天花。

这是《纽约时报周刊》于1994年8月21日以醒目的标题“拯救天花”所报道的内容。死刑的延期是因为科学家发现了天花中的某种蛋白质，或许可以提供有关细胞为何在受病毒侵袭时会自己关闭起来的线索。这是很讽刺的事情，如果学会尊重敌人的话，我们常可以从他们那儿学到比朋友更多的东西。

西方文明的历史或许可以缩简为一连串与自然、与他人、与

自己的战争。或许我们是天生的斗士，所以对生命总是采取一种敌意或对抗的态度。我们为生存、为权利、为自由、为一切而战。无怪乎我们是全世界最好诉讼的社会之一。

前几年中国曾有一组医疗人员访问美国纽约大学医学院，大学邀请我的一个朋友当翻译。我的朋友很热衷于结合美国医学技术与中国医疗的艺术。但是在与访问团的团员谈过话后，他发现这种合作的机会非常微小。基本上，中国与美国的研究员是走在不同的路径上。美国的研究组专注于根绝艾滋病的病毒，而中国研究组专注于寻找方法建立抗体，并假设艾滋病的病毒是会继续存在的。从某些方面来说，它显示出东西方思想的差异。

当个斗士不一定是件坏事。然而若是忙着和敌人作战，而无法向他们学到任何东西未免可惜。如果对敌人的态度是仇恨、愤怒或者恐惧，那么我们根本的反应不是战斗就是逃跑，在这种状况之下几乎不可能充分地注意敌人。这或许会造成不可挽救的错误。对那些以好战为傲的基督徒士兵，登山宝训这一章节有助于了解这一点：

> 你们听见有话说："当爱你的邻舍，恨你的仇敌。"只是我告诉你们，要爱你们的仇敌，为那逼迫你们的祷告。这样就可以作你们天父的儿子；因为他叫日头照好人，也照歹人；降雨给义人，也给不义的人。(《马太福音》第5章43至45节)

你们可曾真正遇到过有人确实爱他的仇敌，并且为那些迫害他的人祷告？光是不带虚伪地谈论它都很困难。爱我们的仇敌听起来像是一件令人赞叹的事，但是该怎么做呢？有没有什么办法去爱我们的仇敌，而无须变成道德英雄呢？在有关《圣经》的评论中，我还没找到任何实际的方法。但或许尼采以下的洞见可给我们提供一些帮助：

> 另外一个胜利是将敌对行为灵性化，也就是对敌人存在价值的深沉激赏：简单地说，是指行为与思想和一般的规则相反……在政治领域里也一样，敌对行为现在已变得更具灵性、更明智、更周全、更审慎。几乎每一个团体都了解，为了自我生存起见，对手不应该失去全部的力量。

显然，虔诚信徒可以从政客那儿学到一些东西。如果我们能看到对手的价值，去爱他们并不太难。如果不想继续活在一连串的战斗中，我们所需要的是彻底改变对世界的看法。以整全的心去看待世界。

世间的一切都是神圣的

评估外在敌人已经够难了，评估内在的敌人更难。传统的道德教导我们，要严厉对治恶习，去除贪婪、欲望、恐惧、怠惰以及上瘾等。但是这些敌人也可能是天使装扮的。约翰·马汀（John A. Martin）是天主教的修士，他在一个戒毒中心当顾问，对于“上瘾”有以下的看法：

> 感谢上帝有上瘾这回事！由于上瘾的经验，才能觉知人生的使命。经由上瘾，人才有觉醒、变成熟的机会，并用一

种肯定与创造性的方法来回应这个使命。如此，才能真正清醒地面对命运，变成真正的自己，与自己、自己的世界和自己的神相处。

如果天花对我们都会有价值，上瘾为何不能对我们有价值呢？上瘾经验的心灵价值在于它让我们看到了自己的无能。或许你知道，匿名戒酒会（Alcoholics Anomymous，简称 A.A.）这个组织为戒酒者提供了十二步骤的高效课程，这个课程是以无能的力量（power of powerlessness）作为基础的。我们或许会以为对毒品上瘾的人而言，最重要的事情是建立自信心与意志力，但是这个课程的第一个步骤是以如此惊人的陈述开始的："我们承认我们无能为力对付酒精，而我们的生活已变得不可收拾。"匿名戒酒会的创立者详细说明了这件事：

> 没有一种破产像酒瘾一样。酒精是贪婪的债主，榨取我们一切独立自主的能力与抗拒需求的意志力。一旦我们明确地接受这个事实，便可大大方方地宣告破产。
>
> 进入匿名戒酒会后，我们对这件十足的羞辱有另外一种看法。了解只有经历彻底的失败，我们才有可能踏出朝向自由与坚强的第一步。承认个人的无能，最后却能转变为坚强的基石，建立起快乐且有目的的人生。
>
> 进入匿名戒酒会的人首先要接受自己那具有摧毁性的弱点，以及它所造成的结果，否则是产生不了什么作用的。除非他能变得谦虚，否则纵使他清醒了，也是不牢靠的。

约翰·马汀把酗酒者当作上帝的礼物。如果你认为以这种方式看世界未免过分自由，那我们必须了解，基督教与道教的传统是深信柔顺的威力的。举个例子，圣保罗说他曾经三次恳求神除去他“身上的刺”，神却做了这样的回答：“我的恩典够你用的，因为我的能力是在人的软弱上显得完全。”（《哥林多后书》第12章7至9节）所以不难想象，即使刺也是神的恩典。如天主教神秘主义者托马斯·默顿所观察到的，“世间的一切都是神圣的”。如果能领会这句话的真谛，生命将会开始变得丰富起来。

耶稣说：“爱你的敌人……”

在这一章里，我们将探讨一些生命中令人不愉快的东西：敌人、毒药、疾病、邪魔。我们都知道，传统的看法认为它们对人的生理、心理和精神健康都是有害的。让我们从邪魔开始。邪魔是一种恶灵或是一种令人不快的情绪状态。西方对邪魔的态度在《大法师》（*The Exorcist*）这部电影中很讽刺地表露无遗，它显示出善与恶之间生死对峙的状态。在电影中有许多暴力的镜头：邪魔口吐绿沫攻击人，椅子与柜子在房间里横冲直撞，人被抛出窗外，一个法师手执十字架激愤地喊叫：“以主之名将你收押！”除此之外，已无任何对话、商榷的余地。这种态度与美国人对艾滋病的政策相似：以根除敌人为目标。然而耶稣对邪魔的态度却很不同：

> 他们来到海那边格拉森人的地方。耶稣一下船，就有一个被污鬼附着的人从坟茔里出来迎着他。那人常住在坟茔

> 里，没有人能捆住他，就是用铁链也不能，因为人屡次用脚镣和铁链捆锁他，铁链竟被他挣断了，脚镣也被他弄碎了。总没有人能制伏他。他昼夜常在坟茔里和山中喊叫，又用石头砍自己。他远远地看见耶稣，就跑过去拜他，大声呼叫说："至高神的儿子耶稣，我与你有什么相干？我指着神恳求你，不要叫我受苦！"是因耶稣曾吩咐他说："污鬼啊，从这人身上出来吧！"耶稣问他说："你名叫什么？"回答说："我名叫'群'，因为我们多的缘故。"就再三地求耶稣，不要叫他们离开那地方。在那里山坡上，有一大群猪吃食，鬼就央求耶稣说："求你打发我们往猪群里，附着猪去。"耶稣准了他们，污鬼就出来，进入猪里去。于是那群猪闯下山崖，投在海里，淹死了。(《马可福音》第5章1至13节)

我们很容易就会误解这一节里深层的意义。事实上，如果认为耶稣具有特殊神力，比我们更能降服邪魔，我们就错失了整个重点。因为这么一来，驱魔就成了一个独立存在的、无法重复的事件，那么它就丝毫没有教育意义了。这个故事若要跟我们产生什么关联的话，必须将耶稣看成是和我们一样的普通人，他其实是在告诉我们如何以正确的方法，借由生活中的事件来对治我们的心魔。

有几件事很值得注意。首先应该留意的是，邪魔与耶稣都不好战。马可福音记载那邪魔奔向耶稣，礼敬他，并祈求："我指着上帝求求你，不要折磨我！"邪魔会如此请求，你难道不觉得讶异吗？它看上去像是受害者而非侵犯者！你可曾想过，我们的心魔也可能请求我们接纳它，而它也需要我们的爱与了解？耶稣说:“爱你的仇敌……”

第二点应该注意的是，耶稣并没有拿十字架或杖杆。与电影里那些大法师不同，耶稣已准备好与邪魔对话。他问邪魔:“你叫什么名字？”这个问题是很有意义的，这表示耶稣非常熟悉古代的巫术。巫术强调为邪魔命名的重要性，巫师知道，为我们所恐惧的东西命名是一种驾驭恐惧的办法。由于我们在黑暗中作战，无法有效地与内在的邪魔打交道，也无法完全注意自己到底在抗拒什么。匿名戒酒会课程的第四步骤，是诚实而彻底地认清我们的心魔是什么。我们真正的问题是什么？瞋恨、恐惧、贪婪、懒惰、焦虑不安？找出真正的问题是最紧要的。

第三点是邪魔有一个请求：他不希望被驱逐出境。我们最后一次看到“离开家园”的隐喻是在浪子回头的寓言中。里面提到浪子分到家产后便到遥远的地方去。去到遥远的国度，便是眼不见和心不念。那邪魔有可能就是“浪子”的隐喻吗？它是不是被我们的审判心及道德化的自我驱逐到良知的地狱里了？

故事的结局很奇特。以两千只猪冲下山崖，窜入海里淹死作为结束。这令一些《圣经》学者与神学家哑然失声。这会是什么教训呢？威廉·巴克雷说过，许多人都觉得奇怪，为何耶稣要这么无情地摧毁一群动物。如果读到此处而不感到愤愤不平，那就表示你不够专心。可怜的猪，它们到底做了什么要遭受如此恶报？这群猪的主人又如何呢？我们谈的是两千只猪的损失！如此重大的损失足以毁掉一个人的生计。除非这个故事后面还有另外一个故事，否则这会是《圣经》所记载的最荒唐的行为之一。所以我们应该看得更深入一点。不管你从什么角度看，为了驱魔而将两千只猪淹死是很荒谬的。不过，这正是耶稣想要说明的一点，因为禅师说话的方式通常是很极端的。这个教训就是：代人顶罪不但无法解决问题，而且是极不公正的。有关这个意外事件，马太福音是以负面语气收尾的："合城的人都出来迎见耶稣，既见了，就央求他离开他们的境界。"（《马太福音》第8章34节）

这个事件不仅没有使耶稣成为英雄，反而使他变成了不受欢迎的人物。我们应当留意，与其他神迹故事不同，这个故事里一点也未提到邪魔离开时，大家是否有欣慰的感受。事实上，并没有任何迹象显示邪魔已被驱除！我们只知道，这个事件引发了许多恶业，带来了诸多的不愉快。

向外投射是自我的一种防卫机制

指责别人是很简便的事。以污染的问题来说，当我们看到石油溢出或闻到化学药物的气味，我们的自然反应是厌恶并指控别人。公敌立刻就被创造了出来，好让我们的愤怒有地方发泄。不过我们却拒绝看得深入一些。的确，石油溢出或许是一种人为的疏忽，但事实上，如果不断地把巨量的石油从一个地方运到另一个地方，意外事件是必然会发生的。我们完全不愿意面对事实并承认，石油溢出与空气污染是我们工业发展、能量消耗的结果，而这与人为疏忽的结果不相上下。但我们却将一切的指责全部指向单一的个人、组织或计划。我们将罪过归于外在的敌人而无法面对自己，因为面对自己太痛苦了。

虽然看起来很不可思议，但让猪淹死是耶稣在教禅。猪不是问题，邪魔也不是问题，我们才是问题！真正的敌人是我们自己，消除问题不是找一个代罪羔羊，而是愿意修正自己。耶稣在以下的寓言中将驱魔的危险讲得更清楚：

> 污鬼离了人身，就在无水之地过来过去，寻求安歇之处。既寻不着，便说："我要回到我所出来的屋里去。"到了，就看见里面打扫干净，修饰好了，便去另带了七个比自己更恶的鬼来，都进去住在那里。那人末后的景况比先前更不好了。(《路加福音》第11章24至26节)

治病并不是光把表面症状除去，若是问题根源没找到的话，接二连三的症状还是会继续发生。神秘主义诗人卡比尔（Kabir）以美妙的方式解释了这个问题：

> 我拉回对性的渴望，却发现我经常发怒。
> 我放弃愤怒，注意到我整日都在贪婪。
> 我努力地消除贪婪，却变得骄矜自满。
> 心试着突破与世界的联结，却仍紧握着一件事不放。

把那些本质上非善非恶的中性事物妖魔化，然后寻找替罪羔羊，乃是人类共通的倾向。这是我们自我的一种防卫机制，它刻意要使我们在真理与内在知识的追求上遭到挫败。弗洛伊德将这种自我欺骗称为"投射"（projection），这个心理学术语指的是，我们内在的罪恶感、自责和责任往往会向外投射出去，作为对抗内在焦虑的一种防卫措施。

清教徒是"投射"游戏的大师。他们将禁欲与清贫视为纯净的行为，把感官的欢乐与金钱当成是不纯洁的东西。不过有一件事我们可以确定，耶稣绝不是清教徒。耶稣在与道德完美的法利赛人的对质中，以及他对“污染者何？”的教导中已表达得很清楚了。实质上，清教徒主义乃是一种找寻代罪羔羊的模式，它是肤浅的世界观所造成的结果。每个禅师都拥有一颗永远年轻的心，内在都有一个喜欢恶作剧的孩子。这里有一个现成的例子：

> 你们听见有话说：“不可奸淫。”只是我告诉你们：凡看见妇女就动淫念的，这人心里已经与她犯奸淫了。若是你的右眼叫你跌倒，就剜出来丢掉，宁可失去百体中的一体，不叫全身丢在地狱里；若是右手叫你跌倒，就砍下来丢掉，宁可失去百体中的一体，不叫全身下入地狱。(《马太福音》第 5 章 27 至 30 节)

切莫与内在的邪魔打斗，学习以慈悲包容它们

我把这种达到纯净的方法，称为“截肢法”。曾几何时，一只眼或一只手臂能使人犯罪？殊不知真正的问题是出于我们的心，除非自杀，否则无法将心截掉。然而，这些严厉的声明只不过是耶稣用来引起人们注意问题根源所在的戏剧性方法。

虽然以“截肢法”达到纯净显然是野蛮行为，却仍然有许多人在执行这种方法，而且不限于基督教。佛陀时代，有一僧人经常受性欲骚扰而苦恼不堪，为了彻底根除烦恼，他斩断了自己的性器。佛陀对他的行为严加斥责，因为他的病根源于心而非来自身体上的器官。找人代罪不是通向真理的路，智慧与明澈才是。早期基督教的创始者之一，奥勒金（Origen Adamantius）曾做过

同样愚蠢的事情：他把自己阉割了。但他并未因此而被封为圣者。这些愚蠢的例子显示出，我们不仅很快地将罪过转移到别人身上，也喜欢对内找寻代罪羔羊，将罪过转移到自己身体的器官上。这真是心灵的暴力！而基本问题在于缺乏整全的眼光。

如果截肢无法使我们达到纯净，压抑如贪婪、欲望、愤怒、恐惧等“负面”的情绪，也无法达到。压抑这些负面情绪的这个存在者是谁呢？有一件事是很明显的，欲望只能被更大的欲望压抑住，这些都是自我的游戏。这种状况不亚于为了赶走狼而引来一只老虎，虽然有所取代，但问题并未解决。事实上，敌对的接触方式可能带来的伤害比益处更多。如果污染是一种幻觉，那么想除去污染的努力，也只是使这个幻觉更真实。如耶稣在驱魔的寓言中所评论的，“那个人后来的景况比从前更坏了”。

截肢无用，压抑无用，那么要用什么办法解决呢？也不是去战斗。我们必须放下以战斗来面对生命的方式。耶稣提供了他的禅的忠告：勿与魔斗！抗拒只会增加对手的力量。纯净与打斗或压抑无关，而是一种洞见。如果我们看到自己像小狗一样追逐自己的尾巴，知道那微不足道的奋战并无法改变我们时，这种疯狂就会停止，心也会平静下来。觉知使一切纯净。

以一种平和的方式对待生命时，才能开始疗伤。《心灵的护理》作者托马斯·摩尔所言，最艰困的一步是去学习“尊重每一个症状，并把它当作心灵的呼唤”。甚至贪婪、欲望、愤怒、恐惧等也可成为我们的老师，如果我们学会尊重它们，它们还可以引导我们走向内在的真理。摩尔详细述说了听的艺术：

生理的或心理的护理主要是在解除痛苦，不过有件事与症状本身攸关，那就是，我们必须首先仔细聆听和观察痛苦到底揭露了什么，治疗的意图可能会阻碍我们观察。其实做得越少，成效就越大。观察比较像顺势疗法（homeopathic）而非对抗疗法（allopathic），它以一种并行不悖的方式来和问题交朋友，而不是与问题为敌。

邪魔不停地回来骚扰，不断地敲门，因为有重要讯息要告诉我们，但是我们却不听。很有声望的静坐老师杰克·康菲尔德（Jack Kornfield）建议我们把邪魔当作灵修的一部分：

> 修行时，选择一个最常出现与最困难的邪魔，如烦恼、恐惧、厌烦、渴望、疑惑、焦躁不安。在静坐中，每一次这种状态生起时都要特别觉知，小心地分辨它。注意它是如何开始的、在这前是什么；注意是否有什么特别的思想或形象引发这个状况；注意这种状况持续多久、何时停止；注意通常继之而起的是什么状况；观察它是否是很慢、很温和地生起；看它可以变得多么响亮、多么强烈，然后变柔软，甚至接受抗拒。最后，坐着并觉知你的呼吸，注意及等待这个邪魔，任其来去，如见老友一般地欢迎它。

切莫与内在的邪魔打斗，学习以慈悲包容它们，因为它们是你的一部分！记住耶稣的话：要爱你的仇敌。爱意指尊重、陪伴、随时准备响应与了解。灵修最困难的地方是向我们的敌人敞开心扉。这听起来好像是投降。然而，这是很重要的一步。或许我们该学习把内在的邪魔当作天花，它们是可怕的生物，却可以教我们许多东西。

表面上，佛教徒对内在敌人的态度太不整全了。根据佛教的教导，贪、瞋、痴被称为三毒，但佛教也说毒素可当作医药。禅宗六祖慧能也说，烦恼即菩提。无须为烦恼而担忧，我们该学习利用它们。

不要抗拒邪恶！这是耶稣最伟大的禅式教诲之一，虽然大多数人并不赞同。一般人难以理解与接受，因为它违反了一般的常识及传统道德的概念。心是一个斗士。它会问："如果这是邪恶，为何不战胜它？"不久以前，我与一群基督教徒一同上《圣经》课。我们学习《传道书》中的一个诗句，"不要行义过分，也不要过于自逞智慧"（《传道书》第 7 章 16 节），没人知道这句话是什么意思，其实这是《圣经》里一句伟大的禅语。

"不要抗拒邪恶"是一则很深的教诲。从心理学的层面看，它表示真诚接受自己一切的负面情绪，不论表面上它们看起来多么凶狠与恶毒。要做到这点是非常困难的，需要极高的心灵成熟度。只有当一个人真正了解自我的本质后，才可能真诚地接受这些毒素，而不再被自我的游戏所愚弄。

一种将敌人转变为朋友的艺术

灵修有两个途径可以选择：斗士（fighter）与密法（Tantric）之道。前者是苦修者的道路，是大部分的宗教所采纳的方法。斗士永远迷恋纯净。有意识或无意识地，他们想完全地掌控自己而成为英雄。因为掌控是他们的目标，所以他们对一切危害他们苦修的东西都怀着敌意。他们谴责欲望，谴责愤怒，谴责感官上的快乐，谴责一切最基本的人性。因此他们也谴责生命本身。但这个途径注定会失败，因为生命是无法掌控的。斗士的途径导向成功的唯一可能在于，它会引发失败与挫折，尽管这个方法很慢，但发现错误表示正迈向正确的方向。

与斗士之道相反的便是密法之道，这是一条爱的途径。不幸的是，“密法”已被滥用了，无论在美国还是亚洲，都是一样。尤其在美国，许多人怀着错误的观念，以为练习密法是为达到性的满足。有一位评论家告诉我，她近来收到一本有关“佛教用品”的目录，发现里面有许多性玩具，而标签上注明这些都是密法修练辅助器。这种误解真的是太严重了。

其实，密法攸关于柔软之心及接受事实。根据藏传大师创巴仁波切所言：

> 密法智慧将涅槃带入娑婆世界。乍听之下，这句话不免令人震惊。在到达密法的程度之前，你一直都会想放弃娑婆世界，努力进入涅槃，但最后你会了悟努力的无效，然后才能与涅槃合而为一。为了真正领会涅槃的能量并与之相合，你必须与平常的世界结为伙伴的关系……一个人不可能一面否定物质世界，一面与娑婆世界相联结。只有看清娑婆世界的本质，你才能了解涅槃的本质。

密法对生命采取一种肯定与友善的态度，它不谴责任何事。它领悟到极限与软弱是人的一部分，并接受它们的存在。密法看到神的王国就在当前，而不是在遥远的未来。密法的修行者不会为达到目的或掌控而努力奋斗。密法的方法是全然地自我放弃。他们无须做任何事，因为爱是无条件地接受，是没有任何要求的。密法的修行者只是单纯地活在当下。没有什么好争斗、压抑、谴责或拒绝的，因为每件事在他们眼中都是神圣的。密法的意思就是不二的法门，没有目标，没有斗争，没有冲突，也没有思想。密法即是禅。

历史上，密法的修行一直是极具争议性的修持方式，它几乎在每件事上都与传统宗教和道德教导相违。当传统宗教教我们要压抑情感时，密法却教导我们柔顺的艺术，其中有运用性以及以愤怒的能量为开悟的工具。密法非常强调性，因为它确实是最重要、最根本的能量之一。传统宗教说："别接近它，那是有毒的！"密法却说："不要怕，放轻松，并细心地看！"虽然情欲是强有力的，但它们本身又是中立的。这条柔顺之路也是极有效率的一条路。与其和情欲争斗，不如将能量节省下来，运用到自我发现（self-discovery）之上。密法的修持就是一种将敌人转变为朋友的艺术。不用说，要做到这一点，需要把我们对世界的看法做一个彻底的修正。耶喜喇嘛（Lama Yeshe）曾观察到：

> 密法解决这个问题的方式是非常激进的，它彻底改变了我们平常的视野。这就是密法精神的核心。同一个欲望能量，总是驱策我们从一个不满意状况到另一个不满意的状况，而在经由密法的冶金术后，转化为愉悦与智慧的超越经验。修行者专注于这带有穿透性的至乐之光，让它像镭射一样贯穿一切错误的投射，直接切入实相的核心。

密法遭到宗教人士多方抨击与反对，一点也不足为奇，因为修习密法意味着自我的死亡。自我的本性是控制、支配、为成就而奋战，但密法却说天国即是现在，娑婆即涅槃。为何要为你已拥有的而奋战？自我拒绝接受这则真理，因为那就等于铲除了自我存在的权利。为了生存，自我必须欺骗。因此在基督教里，恶魔被称为谎言之父并不是一种意外。

最需要去了解的是，自我为了延续它的生命，必须继续去混淆与欺骗。所以它告诉我们一定要掌控，但又不暴露出是谁在掌控。它又说，洗净你的污染！可是并不告诉我们污染从何而生。它告诉我们要紧抓住羞愧与内疚，却不让我们看清楚真相，也不更正我们的错误。这就是自我的作用：用谎言来监禁我们。

密法是柔顺的。有许多人会把心灵的柔顺与纵容或某种道德上的松懈混淆在一起。某位版权代理人在看过我的手稿后，建议我加入一段“坚定的爱”。他不了解真正的温柔之中，就存在着坚定（一种不妥协的决心）。

把自己当成武士，在真理上绝不妥协

事实上，密法的修行人经常把自己当作武士，亦即一个熟练兵法的人。武士在基本上是有别于斗士的。斗士是好斗的人，非常执着于战斗与胜利的观念。他们采取的是二元对立的人生态度。反之，密法的武士以整全的眼光看待世界。他们不会把世界看成一个大型竞技场，也不会沉迷于战争。他们是勇敢具德的武士而非好战的斗士。不论事情多么丑陋，多么令人不愉快，他们都决定接受现实。对于真理，他们有一种决不妥协的承诺，并且在行动上也回应这种承诺。要想成为真正的武士，需要重要的修练（活在当下的修练）以及巨大的勇气（存在的勇气）。

因此，柔顺与坚定实为一体的两面。密法的武士是柔顺的，因为他们能够接受、顺应并适应现实。柔顺的武士愿意承认个人的局限性，所以不会去做那不可能的事或抗拒那不能避免的事。这种柔顺不仅不是脆弱，反而是力量的标志。事实上，密法几乎是一种苦修的方式，虽然它与自我、野心或赢取的意愿无关，密法的武士对于现实的承诺是毫不动摇的。从这个意义上说，只有柔顺才能使我们坚强，也只有坚强才能使我们变得柔顺。这是一种相悖的状态。

密法没有什么道德标准，甚至没有任何道德束缚，它只是真诚地肯定人类的欲望，而传统的宗教却否定欲望。无惧地接受生命的荆棘与毒素，是密法勇气的一部分。这是一种接受而非谴责现实的勇气。若是没有这种无畏的接受，任何转变都无可能。在大乘经典里有两个传说人物：文殊师利及善财。文殊师利是以智慧卓绝而闻名的菩萨，善财是一个热情追求真理的年轻佛教徒。以下这段两人的对话，正可说明密法的精神：

一天，文殊师利对善财提出一个特别的请求。他对这位年轻人说："出去采集一些无法用来做药的草本植物。"

善财出去很久，最后却空手而归。他向文殊师利报告："我找不到符合您要求的草本植物。"文殊师利回答说："好，那么就给我一个能做药的吧！"

善财站在原地，从他脚下拔了一些草。

文殊师利举起这些草以示众人。他说："大家听着，这些草既可以作为毒药，也可以变成良药，既可治病，也可杀人。"

密法永远能在存在（existence）的阴暗面找到至宝——只有停止抗拒生命中不愉快的状况，我们才能变得完整。托马斯·摩尔领悟到，发展出“对邪恶的鉴赏力”乃是灵修生活的一大重心。根据他作为心理治疗师的经验，他发现最有效的心灵护理“技术”，是以特别的关怀与坦然，来面对病人的谴责、排斥、自卑或是隐藏在晦暗中的东西。他发现大部分人的心灵，都因为我们根据经验随意地贴上“好”“坏”的标签而迷失了。

在道德家眼中，密法对生命阴暗面的友善态度是危险的。需要分辨清楚的是，密法并不赞同淫乱的生活方式或标新立异。密法的修行只是诚实地认知生命中早已存在的“力比多”。将这些平常被隐藏、被抑制的元素揭露出来，才有疗愈的可能。

我们必须认清，密法并不是少数藏传教信徒所修练的神秘灵修方法。某种意义上说，密法是唯一可行的灵修途径，因为我们都是人，我们都必须跟自己的欲望妥协。贪婪、肉欲、愤怒、嫉妒等乃是生命基本事实，我们无法简单地把它们塞在地毯下。回避是一种恐惧的表现而非勇气。苦行主义者说：“回避快乐，守护你的感官。”密法却说：“欢颂快乐，开放你的感官知觉，迎接世间的喜乐。”

若是谴责生命的快乐，便是与生命为敌

佛陀也曾尝试过苦行。他苦修了六年，却发现并没有用。事实上，当他有了这份惊人的发现之后不久，便开悟了。苦修是克制身体的欲望，使感官知觉变钝，关闭人与世界之间的门。若是谴责生命的快乐，便是与生命为敌，而真正的心灵修行是为了活

得更有朝气，而不是拒绝尘世经验。只有彻底接受生命的所有事实，包括感官的欢愉、精神的毒素以及人性的愚昧，才能超尘出世。苦行是行不通的，因为它本质上是一种对现实的逃避。密法则完全与逃避无关，它要我们彻底投入生活，承受其中的痛苦及欢愉，品尝它的毒液与甘露。

因此我们的结论是，密法的修行并非是一种选择，而是心灵成长必要的步骤。耶喜喇嘛指出：“如果只是一味地避开会勾起欲望的东西，我们修行的进展将会受到严重的局限。”

密法的修行并不是放纵，虽然我们的自我可能会希望如此。喜好感官的享乐并不意味会上瘾。果真会如此的话，那我们个个都要变成密法大师了。耶稣说：“不要抗拒邪恶。”他要我们以温柔来对待邪恶，但并不鼓励我们去追求邪恶。灵修最关键的一步，便是学习仔细地聆听与觉察。

放纵和回避一样，也是一种逃避的形式。放纵的工具，譬如迷幻药、酒精或性，都只是被当成止痛剂来使用罢了。有经验的治疗者知道，真正的问题并不在于药物或所耽溺的对象，上瘾者的问题早在他们嗑药之前就存在了。有经验的治疗者同时也发现，戒药并没有解决根本问题。事实上，戒药时必须立刻找出真正的问题是什么。嗑药的行为通常都源自根深蒂固的逃避倾向，以及缺乏柔软之心。因此，强制性的治疗所造成的伤害，可能比它所带来的益处还多。

耶稣这位“密法大师”说过：“爱你的敌人，并为迫害你的人祈祷。”爱你的敌人，并不意味着要放纵或受他们奴役。爱的修行（亦即密法的修行）指的是尊重、关切、了解和回应。在佛教里，慈（Metta）一词可以说等同于基督教的“爱”。Metta 字根源于巴利文，意为朋友。真正的友谊就是能尊重、关切、了解和回应朋友需求的能力。

敞开我们的心面对恐惧

举个具体的例子。假设我们的问题是色欲，那么第一步就是学着去尊重它。是的，我们必须学着去尊重色欲，这个经常使我们难为情的情绪。若要尊重色欲，首先得放下对它的价值判断，以平等心（equanimity）来看待它。这意味着我们必须放弃原有的乱贴标签、寻找替罪羊、好争斗与否认的习气。我们必须学会不再以羞惭、内疚或难为情的心态来看待它。与其把它当成一种低等的本能，不如学会尊重它，视它为导师及朋友。只有这样，才能步上真正的心灵之旅。

尊重它自然会使我们留意它。通常我们只会倾听自己认为重要的事情。大部分人不了解自己负面的感情，因为他们不断地压抑它们，对待它们如次等公民或“浪子”（prodigal sons）。我们一旦接受色欲为我们的老师，并敞开我们的心，它就会引导我们穿越心灵的迷宫。

觉察色欲并不意味像对待犯人一样地监督它，而是要在日常生活里放松地去觉知它——譬如当我们走在路时，与别人互动时，独处时或做爱时。真正的修行是每一天、每一个当下的事。一旦我们发展出对色欲的觉察，就会逐渐明白它的习气——它通常是如何以及在何时生起的？又是如何及在何时退去的？它每次造访时停留多久？当它来时是否还带着其他情感，如悲伤、枯燥或忧虑？我们必须像老朋友一样去了解色欲。

熟悉我们的感情并深切地体验它们是非常重要的。大部分人在体验自己的负面感情时，多半因为不喜欢而压抑它们，或在冲动之下将它们表露出来。这两种方式都无法让我们深刻地体验感情，而这种深刻的体验正是驱除“毒素”并治愈伤痛的关键。不要掩饰感情，而是以纯净的觉知拥抱它们。如同创巴仁波切所说的：“如果一个人真的感受到情绪裸露时的鲜活质量，那么这份质量里的究竟真相就会被体察到。”

留意觉察可以带来一份理解。只要敞开心胸去觉察我们的欲望，就会越来越深入地发现那些平常被深深掩埋的东西。我们的朋友——色欲——便是这趟内在旅程的向导。是它发现了通向内在堡垒的秘密通道，并为我们开启了大门。最终我们会到达那一点，那时我们的向导——色欲——将会自然坦诚地揭露它卑微的出身。这趟旅程将带领我们进入记忆的巷弄，回到童年故居，让我们好好地看看我们的出生地。我们会惊讶地发现，色欲并非恶意或粗俗的子嗣。我们将会见证，渴欲其实是从孩子心中的那片孤寂之海诞生的，那种孤立无援的存在感，令孩子既惊恐又无助，在急于找到慰藉和联结的情况下，渴欲便油然而生了。

最后，当色欲确定可以完全信任我们时，就会带领我们返回现在，并告诉我们在成人期它是如何被虐待的。我们往往不自觉地把它拉出来一起做坏事：把它变成我们乏爱生活的填充物。我们经常用它来掩盖痛苦、无聊以及挫败，借着它而得到短暂的慰藉。色欲为我们做了这么多事，我们却从来没有感激过它，反而冷酷地用一切恶名来称呼、凌辱、打击它。

在经历这种内在的旅程时，的确会发生奇迹。迟早有一天我们会发现，色欲卸掉了它那恶魔般的面具，洁白无邪如雪花一般呈现在我们眼前。它原来的丑陋溶解成了一种悲剧性的美。恐惧离开，慈悲浮现，我们可以体验一种治愈的温暖，虽然不知道这慈悲从何而来，或是导向何人。它是导向那被我们误解多时的朋友——色欲？还是导向内在那受伤、无助的小孩？色欲究竟是我们的敌人、仆人，还是被我们异化的一部分？或许这些都无关紧要，因为真正的疗愈已经开始了。

这就是密法，它是心的法门。重点是敞开我们的心，面对恐惧，透过心去观察、倾听、感动及了解，并以深切与真诚感动它。它绝不是战斗。只有如此，我们才能做出适当的回应。响应不一定是实质上的，它可以单纯只是一个沉默的确认，心的一点悸动，或是态度上的改变。在这旅程的终点，经由心的觉察的奇迹，欲念被转化了，变成爱与慈悲。

当我们发现生命黑暗的一面太沉重而难以承受时，当我们感觉强烈地想与它奋战或逃离时，或许我们该观想一下佛教象征纯洁的莲花。莲花洁净而美丽，却根植于污秽恶臭的烂泥。尽管这污泥看起来不雅，却提供了莲花生长的必要养分。如果莲花切断了与烂泥的关联，便无法继续生长。我们应该以同样的方式来看待我们的贪婪、愤怒与欲念：它们为我们的灵魂带来了必要的养分。

第十二章　爱与无心

因为他叫日头照好人，也照歹人；降雨给义人，也给不义的人。

——耶稣

见性是功，平等是德。

——慧能

孔子之仁，基督之爱，禅之无心

基督教强调“爱”是众所皆知的事。虽然佛教也视友爱与慈悲为道途上重要的发展方向，但“爱”这个字在禅的箴言里是找不到的。现在有一个问题冒出来了，禅师是不是对爱有所恐惧？禅宗六祖慧能一向强调的是“无心”。表面上看，爱与无心的确是两个极端。难道基督教与禅在爱上真有如此悬殊的差别吗？爱的真谛是什么？爱是一种情绪吗？还是一种执着？如何习得爱呢？爱、自由与善之间有什么关系呢？让我们再看一看登山宝训：

> 你们听见有话说:“当爱你的邻舍，恨你的仇敌。”只是我告诉你们，要爱你们的仇敌，为那逼迫你们的祷告。这样就可以作你们天父的儿子;因为他叫日头照好人，也照歹人;降雨给义人，也给不义的人。你们若单爱那爱你们的人，有什么赏赐呢？就是税吏不也是这样行吗？你们若单请你弟兄的安，比人有什么长处呢？就是外邦人不也是这样行吗？所以，你们要完全，像你们的天父完全一样。(《马太福音》第 5 章 43 至 48 节)

耶稣所谈的爱显然与一般人的爱大不相同，因为它是没有差别心的。耶稣的观察是，上帝“叫日头照好人，也照歹人”。他说过爱是最高的德行：能够爱就像神一样了。

多数的人并不知道孔子与禅之间有何关联。有趣的是，与英文的“爱”字最接近的是孔子所用的“仁”字。“仁”是有关德行的字，却具有神秘难测的性质。著名汉学家阿瑟·威利（Arthur Waley）注意到，“仁”代表一种“超越的完美，只有像伯夷这种传说中的英雄才称得上是“仁者”，这不是当代或历史上一般的英雄所能做到的”。孔子还特别强调这种品质的稀有与特殊，以至于我们“不得不谨慎”地使用这个字（《论语·子罕》第九之一：子罕言利、与命、与仁）。

威利注意到“仁”是一个神秘的品质，它不仅类似甚至可以说等同于道。他对这个字的翻译发表了以下的洞见：

> 对我而言，good 是唯一切合中文“仁”字的翻译。其他没有任何字可以充分表达它完整的涵义，譬如 humane

（人道）、altruistic（利他）、benevolent（慈善），等等，不仅不切合“仁”这个字，甚至显得荒谬可笑。还有中文里的“善”字，虽然缺少仁的神秘与超然的涵义，但除了“good”之外似乎也无法找到更恰当的翻译。因此，我通常会把“仁”译为大写的 Good，而善译为小写的 good。

孔子与阿瑟·威利对于美德方面的用字，采取了保留和审慎的态度，这是完全可以理解的。事实上，耶稣甚至不准许别人叫他“好人”。这一点在马可福音里有过记载，当那位年轻的国王向耶稣请教如何得到永恒的生命时，他称呼耶稣为“良善的老师”，但耶稣马上更正他说：“你为什么称我是良善的？除了神一位之外，再没有良善的。”（《马可福音》第 10 章 18 节）

这些从《论语》和《圣经》中摘录下来的引文，可以帮我们归纳出一些重点：孔子的仁就相当于基督教的爱，如同道（Tao）相当于神（God）一样。仁是道（Tao）之路，爱则是神（God）之路。根据耶稣大师所言，能够爱才能趋向完美，才能如同神。他不认为任何凡人具有这种品质。此外我们应该还记得，约翰曾说过神就是爱（《约翰一书》第 4 章 8 节）。

在登山宝训中，耶稣要我们把大自然当作导师。平等对待一切众生，乃是自然的法则，它不会以不同的方式对待好人与坏人，对于行善与作恶也无分别心。耶稣说对别人的爱也应该这样，因为真爱是无分别的。以这样的观点来看，耶稣所谓的“爱你的仇敌”或“为那些迫害你们的人祷告”，指的是无分别之心，而不是一种过分要求的态度。我们应该注意的是，佛教也非常强调用无分别心来对待众生。事实上，佛的智慧也被称为无分别智，这显示出无分别心乃是心灵发展的关键。

毫无分别的爱才能如神一样完美，这是耶稣带来的主要讯息。于是，爱（love）与良善（goodness）之间的对等性便建立起来。爱便是良善，良善便是爱。但是，丝毫无分别的爱对人来说几近不可能，我们或许偶尔为之但绝不是每时每刻都可做到。这就是为什么耶稣对那位年轻的国王说：神以外再也没有良善的。虽然如此，学习爱，使自己趋近于完美，仍旧是我们此生的使命。

耶稣的两项要求：爱神和爱人如己

基督徒的爱常常与自我摒弃（self-renunciation）相连，但我们必须正确地了解自我摒弃的意思。虔诚教徒经常把苦行与灵修混淆起来，尤其是对物质的摒弃，经常被看作是灵修的一种方式，甚至社会与家庭的关系也被认为一种障碍。因为耶稣说：

> 爱父母过于爱我的，不配作我的门徒；爱儿女过于爱我的，不配作我的门徒；不背着他的十字架跟从我的，也不配作我的门徒。得着生命的，将要失丧生命；为我失丧生命的，将要得着生命。（《马太福音》第10章37至39节）

但是，耶稣并没有要求他的门徒要爱他胜过一切，他只是反对不平等的爱。真正的自我摒弃不是自我剥削或苦行，如果那样的话，许多被虐狂都有资格变成有灵性的人了。真正的灵修对生命抱持的态度是肯定而非否定的，重点是以平等的爱对待一切。

这一点在耶稣最伟大的训诫中已得到证实：

> 内中有一个人是律法师，要试探耶稣，就问他说："夫子，律法上的诫命，哪一条是最大的呢？"耶稣对他说："你要尽心、尽性、尽意爱主——你的神。这是诫命中的第一，且是最大的。其次也相仿，就是要爱人如己。这两条诫命是律法和先知一切道理的总纲。"（《马太福音》第22章35至40节）

仔细地聆听，世界上最伟大的道德师说话了。耶稣的这些声音，以当时的历史背景来说，真是一件惊天动地的事。耶稣时代的人非常热衷于法律，和一切与法律行为相关的外在行为，尤其是法利赛人，他们遵循法律已经到达艰苦卓绝的地步。

在当时的环境下，耶稣说出这样优美而激进的话来，实在令人惊异。这表示耶稣既是一个好的道德老师，也是一位卓越的禅师。这段教诲的美就在于那令人惊叹的简洁。耶稣将一个庞大而难以处理的道德规范，浓缩到两项要求之中：爱神和爱人如己。它之所以又是激进的，是因为它完全违反了当时社会的主流思想。当大家都不厌其烦地遵从每一条法律时，耶稣却强而有力地主张：丢掉这些僵固的鬼把戏，爱才是道德唯一的试金石。

为何在爱其他人之前必须先爱神？从马可福音中我们可以窥见一斑。马可说，当耶稣被问及哪一个训诫是最伟大的，他答道：

> 第一要紧的就是说："以色列啊，你要听，主——我们神是独一的主。"（《马可福音》第12章29节）

耶稣说“神是独一的主”，这句话是什么意思呢？表面上的解释应该是：只有一个真正的神是可以爱的。但这句话却无法解释神与人类之间的爱有什么关联。更深一层的解释应该是，铭记宇宙间的一切都是由神所创造出来的，因此神与万物是本一个融合的整体。若要了解整体性，请想一想嘴里的牙齿。如果我们要拔掉一颗坏牙，就必须补上一颗假牙（除非它能再长出新牙）。如果这个空隙未被填满，其他的牙齿很快就会倾过来补上这个空缺。牙齿看起来彼此独立，其实是一体的。

同样的，宇宙所有的生命都相互依存。因此，对神的爱就是对众生的爱。一个爱神的人具有爱一切生命的态度，因为世间一切事物皆是紧密相连、息息相关的，没有一个可以孤立地存在。第二条戒律也可以说是第一条的衍生。我们爱别人是因为我们知道，每个人都是神不可或缺的一部分，都是终极实相的一部分。一旦体认到“我与神是一体”，我们自然会去爱我们的邻居。

第二条戒律说“爱人如己”，并不是说要爱别人胜于自己，因为你也是终极实相的一部分，是同样重要和值得被爱的。耶稣所强调的自我否定并非放弃自己成全别人，如前面所说的，真正的关键是没有分别心的爱。

真爱便是自我的死亡

自我才是问题的根源，不是物质财富、世俗生活或社会关系。只要自我残存，仍然追求虚妄的利益与满足，爱就不可能发生。

真爱指的是那个错误的自己——也就是“自我”——的死亡。在这一点上，禅与基督教的爱终于会合了。只有当我们的心不执着于任何事物，也就是自我感消失了，爱才可能出现。大自然是学习爱最好的榜样。《道德经》第五章说：

天地不仁，以万物为刍狗，圣人不仁，以百姓为刍狗。

天地不仅不爱，它们也非常不仁。刍狗是以稻草做成的傀儡，在远古时代，它是用来祭拜天的物件。祭拜仪式后，刍狗就被无情地丢弃了。老子评论说，天地待我们也是如此，没有爱也没有恨。因为“无为”是道（Tao）的方法。正因为天地对万物没有特别的爱，所以它们可以爱一切事物。它们用没有差别的心去“爱”。重点并不在于有爱或无爱，而在于没有分别心。偏爱是自我的一种表现，平等才是真爱的展现。

多数人难以理解神的平等之爱，并且难以接受神毫无偏爱这个事实。许多小孩生平第一次痛苦难忘的经验，可能是宠物的死亡。在失去宠物的痛苦中，他们会问：“神为何不让小狗狗活着呢？”这里的假设是，如果神是真爱的话，应该不会让我们所爱的死亡。当神没有按照我们的期望去做时，我们便大为惊讶。这是我们第一次发现，我们真的不了解神，这也是对我们信心的第一次考验。

当我们逐渐长大，需要面对生命中逐渐增加的问题时，我们对于神的“无动于衷”就更为不满了。如同约伯一样，我们经常抱怨神对我们不够友善，每当有不愉快的事发生时，我们就会问：“为什么这种事会发生在我身上？为什么神不为我做点好事？”我们表现得好像永远是神的受害者，而不去了解无偏爱才是神之道。有时候，我们的不满甚至会演变为心理上的愤慨，进

而把神的平等理解为不公正。我们就像约伯一样问道:“恶人为何存活，享大寿数，势力强盛呢？”(《约伯记》第21章7节)

这时，我们就需要一点幽默感了。我们渴求无条件的爱，想要从自己所爱的人和神那儿得到无条件的爱，但当神真的无条件地保佑好人和坏人时，我们又抱怨了。可怜的神！它要怎么做，才能让我们高兴呢？人有限的心如何能理解神无限量的心？对于理性的心智而言，无条件的爱也是没有意义的。左脑型的人所做的每一件事情必须有理由，爱又怎能例外呢？能得到爱的回报时才去爱，这是再自然不过的事了。为什么要爱陌生人与敌人呢？“自我”每遇到一件事都会去问:这里头有什么东西是我要的呢？

我们的困难就在于，我们都活在一个爱是有条件的“理性”世界里，却仍然想从每个人那儿得到无条件的爱。我们的确期待神无条件的爱，但只能爱我们而不能爱其他人。老实说，我们要的是偏爱。神的处境很困难，因为每个人都在求取以自我为中心的无条件的爱。连神都无法取悦每一个人。

无分别之心是灵性的基本原理。耶稣用一种正向的语言宣告完整的爱的伟大，禅则用一种负面的语言，讲解“无心”的重要。对慧能而言，“无心”的修行是禅的基础，无心是一种对任何事皆不执着且不会被任何事干扰的心。如果仍有一丝执着，真爱就不可能生起，因为那表示自我的存在。所以爱与自由是错综复杂地联系在一起的。克里希纳穆提对这层关系作了以下的解释:

> 所以自由与爱是同时并存的。爱不是一种反应。如果我爱你是因为你爱我，爱就变成了一种交易，一种在市场上可以买到的东西，这不是爱。爱是不求任何回报的，连一点付

出的感觉都没有——只有这种爱才能理解何谓自由。

现在，你和我必须理解自由这个议题。我们必须为自己找出爱到底是什么，因为如果我们不懂得爱，就不可能体贴、关心，也绝对不可能变得关怀与体谅。你知道关怀与体谅的意义吗？当你看到许多人踩到路上尖锐的石头，你把它们移开，并不是有人要求你这么做，而是你为别人着想——不论是谁，或许你一辈子也见不到他。种一棵树并爱护它，欣赏一条河流，享受大地的丰美……心中有自由才能出现这样的心境：你必须有爱，才能得到自由。

自由与爱是实相的两面。慧能的“无心”就是一种不被欲望、贪婪、愤怒、恐惧所阻碍的自由之心。只有当“自我”死亡时，才能获得真正的自由。耶稣为“无心”做了一个精彩的描述：

所以你施舍的时候，不可在你前面吹号，像那假冒为善的人在会堂里和街道上所行的，故意要得人的荣耀。我实在告诉你们，他们已经得了他们的赏赐。你施舍的时候，不要叫左手知道右手所做的，要叫你施舍的事行在暗中。你父在暗中察看，必然报答你。(《马太福音》第 6 章 2 至 4 节)

“不要叫左手知道右手所做的”，意味着你不但不宣扬自己做的好事，而且你自己也不认为这是件好事，只当做平常的事情一样。因为一切的分别在真爱中已全部消失。如果你不将自己与他人区分开来，哪儿来的“好事”呢？这就是“无心”的修行。

下面这则禅宗故事描述了“无心”、爱与无为间的关系：

有个年轻和尚有一个公案要解。这个公案叫“无心”。他很努力地解，却不得其门。

一天，和尚照往常一样去托钵。走在路上，他心里的公案又冒了出来：

“无心是什么意思？如果我无心，如何走路？如果我无心，如何说话？”

这时，他经过了一间妓院，听到一个姑娘对她的恩客说：“今天你对我有点心不在焉。”这句话突然如闪电一般击中了和尚，他当下便开悟成佛。

如果一个人已经在某个公案上下了一段时间的功夫，那么只要稍微加把劲，他就可能开悟。这个故事中的年轻和尚显然走进了死胡同，因为他把无心想成了空洞的意识状态。但这姑娘的话给了他新的灵感。从某个角度上来说，她的恩客确实是处于无心状态的，因为他那天并没有特别注意到她。这时，和尚才突然醒悟到，无心并不是失去一个人的意识，而是一颗不把任何事当作特别的平常心而已。更进一步说，和尚终于发现他一直都是以无心来走路与谈话的，他不需要专注地去想如何移动他的肌肉才能走路，如何振动他的声带才能说话。自然已经把一切都照顾到了，而且是毫不费力的。无心就是无为之心。

爱不是意志力而是一种恩典

现代的心理学家经常说，爱不是一种感觉。理性的心智总想从一个极端跳到另一个极端，它的逻辑是，如果爱不是一种激情，那一定是一种意志力。所以，我们才会强迫自己去爱，如果办不到，就会产生罪恶感。这样一来，我们又把爱转变成一种自我的游戏，另一种沉迷，另一种成就的象征。

但爱是可以凭意志力做到的吗？意志力难道不是自我的另一种表现吗？我们似乎常弄不清楚自我能做什么不能做什么。有一件事自我是绝对做不到的，那就是爱。不幸的是，我们对自我的评价过高。圣保罗说，没有圣灵的加持，我们甚至不知如何祈祷（《罗马书》第 8 章 26 节）。耶稣更加谦卑，他告诉我们，他凭自己无法做什么（《约翰福音》第 5 章 30 节）。当我们去爱时，可能实际上是神透过我们去爱，或许我们只是神的媒介罢了？

如果我们顺着耶稣的逻辑去思考，会推论出爱不是意志力，而是一种恩典。所以它是无法经由培养或努力而达到的。我们所能做的，仅仅只是开放自己，清除内在的一切障碍，如此爱才能流经我们。学习爱好比学习走路，既没有教科书，也没有课可上。唯一可做的事是放下我们的恐惧，并相信道（Tao）。因为爱是无为的另一种展现。

这为最伟大的训诫“你要尽心、尽性、尽意爱主——你的神”带来新的诠释。以全部的心意、情感和理智做一件事，就是用一个人全部的生命和最高的真诚去做。然而真诚与恐惧、强制是不能并存的，因此，这则最伟大的训诫，原来并不是一种训诫！

其实我们是不需要被强迫去爱神的。我们只需要认清爱自己与爱别人是不冲突的事。弗洛姆曾说过：

> 别人与我们都是我们的感觉与态度的“对象”，对待别人的态度与对待自己的态度不但不冲突，而且根本就是同一

回事……只要所爱的“对象”与我们的内在息息相关，爱就是无法分割的。真爱是一种富有创造力的表现，它意味着关怀、尊重、责任与认知。它不是一种被某人感动的“情绪”，而是为了所爱之人的成长及快乐所做出的积极努力，它源自一个人爱的能力。

爱是多数人都有的一种能力。无法爱自己的人也无法爱别人，反之亦然。因为爱本质上是对生命的一种开放。为了爱，我们必须开放自己，去面对生命中的美与荆棘。世间似乎存在着一种公理：若是无法接受别人的不完美，也就无法接受自己的不完美。

学习将问题转为机会的艺术

若想认识爱，只需要以抽离的态度单纯地观察自己，看看在什么情况之下你会变得不耐烦、愤怒与憎恶。我一直都用这种方式来观察我自己。为什么公交车或火车迟了一点，我就要诅咒？为什么孩子的行为未达到我的期望，我会对他们吼叫？这背后的理由总是恐惧或某种不安全感。我怕火车迟到会耽误我参加重要会议，我怕孩子的拙劣表现会变成我越来越大的负担，我不确定是否自己有能力处理它。

爱上面的无能也反映出创造力的缺乏。有创造力的人通常会把生命中的问题当成锻炼自己的机会，因为它们能促进心灵上的成长、帮助我们认识自己、建立起自己的性格特质、对新的事物产生探索的意愿，并能拓展自己的创造力；没有创造力的人则通常会把问题看成烦扰或威胁。爱、创造力与柔顺，环环相扣。那些有创造力且能坦然面对人生的人，通常更能够爱自己和别人。我们一旦学会了将问题转变为机会的艺术，那么爱自己与爱别人之间就没有差别了。艾克哈特曾做过以下的观察：

> 如果你真的爱自己，你便会像爱自己一样地爱别人。如果你爱别人少于爱自己，你将无法真的做到爱自己。如果你能平等地爱所有人，包括自己在内，那么你就会把所有人当成同一个人来爱——那个人既是神也是人。那么，你便是一个公正而有德性的人，不但能爱自己，也能平等地爱所有人。

佛教意识到一切的爱都起源于自爱。显然，要期待一个痛苦不堪的人去帮助别人，是极为困难的事。如同瓦婆拉·德拉（Walpola Piyananda Thera）所说："在佛教里，清明的自爱是非常重要的第一步。一个人洗涤与净化他的心之后，才能够爱别人，否则爱只会变成爱欲（eros）。"在巴利文的原典（Pali Canon）中，佛陀教我们要爱人如己：

> 我们要依据"我该保护自己"这个信念来培养念住。我们要依据"我该保护别人"这个信念来培养念住。借由保护自己，我们同时也保护了别人；借由保护别人，我们同时也保护了自己。
>
> 那么一个人如何透过保护自己来保护别人呢？我们需要透过不断地练习念住、深入地默观。
>
> 那么人如何透过保护别人来保护自己呢？我们必须发展

出耐心、用非暴力的生活、友爱及慈悲。

同样的，耶稣也教导过自爱的重要。当他说：“先去掉自己眼中的梁木，然后才能看得清楚，去掉你弟兄眼中的刺。”（《马太福音》第 7 章 5 节）换句话说，爱别人必须从自己的醒悟开始做起。

但爱如果不是一种努力或意志力的产物，又如何能习得呢？耶稣透过以下的故事解释了爱的艺术：

文士和法利赛人带着一个行淫时被拿的妇人来，叫她站在当中。就对耶稣说：“夫子，这妇人是正行淫之时被拿的。摩西在律法上吩咐我们，把这样的妇人用石头打死。你说该把她怎么样呢？”他们说这话，乃试探耶稣，要得着告他的把柄。

耶稣却弯着腰用指头在地上画字。他们还是不住地问他，耶稣就直起腰来，对他们说：“你们中间谁是没有罪的，谁就可以先拿石头打她。”于是又弯着腰用指头在地上画字。他们听见这话，就从老到少一个一个地都出去了，只剩下耶稣一人，还有那妇人仍然站在当中。耶稣就直起腰来，对她说：“妇人，那些人在哪里呢？没有人定你的罪吗？”（《约翰福音》第 8 章 3 至 10 节）

耶稣除了禅什么都没教

在这里，耶稣除了禅什么都没教。他主要的讯息是很清楚的：看清真相是爱的开始。除非能诚实地看清自己并知道自己的极限，否则你永远无法学会宽恕。同样的，除非能在我们和别人身上看到基督，否则也永远无法学会爱。在爱中，见（seeing）比行更重要。行为是跟随见而来的，而非先行后见。事实上，没有见地的行为是危险的，会导致更多的困惑及烦恼。耶稣说："真理必叫你们得以自由。"（《约翰福音》第8章32节）但首先我们必须自己先看到真相是什么。

你并不需要为了爱，而将自己的全部财产变卖来救济贫困，也不需要为大众做长时间的劳役；相反，学习爱要从培养对现实的敏锐感觉开始。佛教里，八正道是达到解脱之道。第一道叫"正见"。没有正见，任何行为都会导致更多的痛苦；相反，如果能够看清真相，真爱与慈悲自然会产生。

如果爱就是温柔对待生命，以及对现实保持敏锐，那么慈悲又是什么？许多人将慈悲与感觉相联，将智慧与智力相联，但是慈悲与智慧就像水和油，无法融在一起。佛陀假设大慈悲与智慧是存在的，这怎么可能？

一行禅师借着马尼拉雏妓的真实故事，教导了我们慈悲的真意。因为极度贫困与社会贫富差距太大，这些雏妓被迫出卖皮肉而被社会所歧视，她们怀着羞耻感一直活在痛苦中。一行禅师的观察如下：

> 如果她（妓女）能深观自己和整个状况，她会明白，因为别人是那个样子，所以她才会变成这个样子。一个好人家的"好女孩"有什么可骄傲的呢？因为好人家的生活方式是那个样子，妓女才会过这样的生活。没有任何人的手是真正

干净的，没有人可以说自己是没有责任的。马尼拉的女孩之所以会那样，是由我们的生活方式所造成的。深入地观察雏妓的生活，我们可以看到所有“非妓女”的生活；看到所有非妓女以及我们的生活方式，就可以明白妓女为什么会过那样的生活。事物之间，永远是息息相关的。

缺乏慈悲心是因为我们无法深入地看清事物的本质。我们瞧不起街边的流浪汉、妓女和社会上的坏分子，是因为我们看不见造成他们命运的错综复杂的因素。卖淫是一个很好的例子。如果我们观察需求与供应的关系，我们就会明白卖淫的本质是什么，大量的妓女从何而来？她们大部分来自富裕国家中穷乡僻壤的贫穷家庭。我们可以抱怨卖淫是堕落的行为，但贫困是卖淫的主要因素却是实情。我们可曾见到过富家女卖淫呢？

《时代杂志》刊登了一篇有关日益繁荣的性产业的特别报道，文中指出，“贫穷的女人与小孩被当作商品，在市场上交易买卖、交换、走私、讨价还价。她们被卖掉是为了解决饥饿问题，或是以残忍但快速的方法来赚钱”。这项产业浸泡在人类的绝望里。并不是所有的淫媒都是流氓。同一篇报道也指出，“通常是父亲坐在接应的车子里，而母亲是交涉价钱的人。小弟弟可能会拿着一块海绵和一桶肥皂水洗客人的车子，为的是再多赚五块钱”。

耶稣说：“复活在我，生命也在我。”

事实上，亚洲性交易形式的改变，读起来像是这个区域的现代经济史。在 20 世纪 60 年代到 70 年代，日本人随着买春团蜂拥到台湾及韩国，现在他们喜欢到泰国及菲律宾。原因是台湾及韩国的经济已趋向成熟，人民已经富裕了。重点很简单，卖淫这个行业与总体经济发展及购买力有关，而不是单纯地被力比多所驱策。就这一点而论，它的命运是被收入的高低、都市发展模式、国际贸易形态以及财富在社会各个阶层的分配状况所决定的。从某个真实的意义上说，我们都在其中扮演了某种角色。

因此，只是一味地谴责妓女，是非常不公平的，因为妓女只是另一种代罪羔羊罢了。当然，妓女也必须为自己的情况负责，不过我们要负的责任也不比她们小。为了麻醉良知，我们总认为妓女是因为懒惰或堕落所致，而且只要她们愿意，随时都有办法不干这个行业。或许这就是逮捕她们时的合理借口。然而真相是不是我们不愿面对财富分配不均、下一代得不到平等的发展机会之类的问题？耶稣对自以为公正善良的人说："税吏和娼妓倒比你们先进神的国。"（《马太福音》第 21 章 31 节）或许我们现在可以了解为什么了。

慈悲不是一种慈善事业、怜悯或同情，而是一种同体大悲心，因为看到宇宙万物万象之间不可分离的密切关系，进而体悟到我们实为一体，所产生出来的。以娼妓而言，除非我们将心比心，站在她们的立场，否则是无法感受她们真正的感觉的，那么娼妓将永远是个陌生人，是我们凌辱的对象，是倾倒我们罪恶感的垃圾场。

那么，慈悲（compassion）到底是什么？事实上，compassion 这个词的词根已经给了我们很好的提示。因为 com 意为"一起"（together），pati 意为"承担或受苦"（to bear or suffer）。所以慈悲的意思是共同分担生命的痛苦，承认我们不是独立的存在。矛盾的是，分担痛苦的同时，也会带来喜悦与崇高的感觉。如布兰登（D. Brandon）所说：

> 慈悲与成就感一点关系都没有，它是非常广阔且丰富的。当一个人发展出真正的慈悲心时，他不确定他是对别人还是对自己宽宏，因为慈悲是对整体生命的宽宏行为，没有方向、不“为我”也不“为他们”。它充满喜乐，一种自然存在的喜乐，一种在信任感中持续不断的喜乐，其中包含着巨大的丰足。

慈悲到达最高层次时，就不再执着于痛苦的细节或个人的生命情境。它开始关怀众生的救赎，它为那些愿意一探究竟的人而摊开了悟道的地图。

耶稣说：“复活在我，生命也在我。”（《约翰福音》第 11 章 25 节）他又说：“还没有亚伯拉罕就有了我。”（《约翰福音》第 8 章 58 节）这些都不是对特别的或唯一的神的宣告，而是诚挚地承认，在深沉与真实的意识里，我们确实分享着同一个生命、同一个命运。耶稣并没有试图将自己与其他人分开，他只是用诗的手法来肯定，他与世间的罪犯、娼妓、被欺压者以及不幸的人是一体的。或许只有在这种“整体性的宽大心量”（environmental generosity）之中，在这种喜悲交杂的深情里，我们才能找到真正的救赎。不是个人的解脱，而是同这个神秘的、神的独子一样的解脱。

第十三章　我就是道路

> 我就是道路、真理、生命；若不藉着我，没有人能到父那里去。你们若认识我，也就认识我的父。从今以后，你们认识他，并且已经看见他。
>
> ——《约翰福音》第 14 章 6 至 7 节

最近我在某个网站上与不同教派的基督徒对谈，我说："不读佛经、《道德经》或《可兰经》不代表你心胸狭窄。然而一个人若说除了他所信仰的宗教之外就没有其他的真理，那就太过偏颇了。就连天主教教宗都不会这么说。"一位基督徒回答说："这么说，基督徒就心胸狭窄啰。因为耶稣说他即是道路，这是非常独断的说法。依我看，真理确实只有一个。"

这个响应很好，但它是对《圣经》常见的一种误解。《约翰福音》有这么一节：

> 多马对他说："主啊，我们不知道你往哪里去，怎么知道那条路呢？"耶稣说："我就是道路、真理、生命；若不

藉着我，没有人能到父那里去。你们若认识我，也就认识我的父。从今以后，你们认识他，并且已经看见他。”（《约翰福音》第 14 章 5 至 7 节）

许多基督徒把“我就是道路”误认为基督教对真理拥有垄断权。这真是最不幸的一件事。基于这一点，基督教形成了偏狭的心态，妄自尊大、强迫性地要人依顺上帝，以及其他各种不宽容。这个逻辑很简单：如果耶稣是道路，一定表示其他的宗教都不是。如果基督教是真正的宗教，为何要容忍其他骗人的或是错误的宗教呢？

要明白这是误解，首先要知道《约翰福音》与其他三福音（马太、马可、路加）之间的差异。《约翰福音》是诺斯替教派（Gnostic）的福音，其他的则是对观（Synoptic）福音。1945 年 12 月，在上埃及的那格哈马地（Nag Hammadi）发现了 52 本诺斯替教派的书。这些书证明了所谓的基督教绝对不是没有歧见的传统。《新约》里所搜集的仅只是片断的基督教资料，还有许多耶稣的教导未纳入《圣经》中。早期的基督教是多元的，一直到基督教变成罗马帝国国教，这种多元性才消失。当时的异端，也就是那些反对正统基督教教义的人，几乎全被处决了。

我们必须了解，决定哪些书该被纳入《新约》最后的版本，在当时是一件政治上的大事。基督教正统教派与诺斯替教派之间一直纷争不断，这也是为什么诺斯替派的书籍会被《圣经》排除，并被贬为异端邪说。时至今日，基督教的不同教派仍然处于敌对状况。诺斯替基督教派的许多见解都是基督教正教非常厌恶的。然而有趣的是，《约翰福音》虽然属于诺斯替教派，却仍然被纳入正统《圣经》中。到底为什么正统教派愿意接受这个诺斯替教派的经文呢？根据著名学者及《诺斯替教派福音》一书作者伊兰·佩格丝（Elaine Pagels）的说法，就是因为“我就是道路”这句话。伊兰·佩格丝解释说：“原先这句话意味着人只能靠耶稣找到神，但现在的诠释却变成人只有通过教会才能找到耶稣。”

知道诺斯替基督教派的一些背景，将有助于我们了解这一点。希腊文的 Gnosis 意为知识，然而这个字有两种不同的意思。诺斯（Gnosis）这个字不是指理性、分析或科学的知识，而是指经由观察及体验而得到的知识。诺斯是一种神秘的知识。佩格丝建议我们将这个字翻译为“洞察力”，因为它涉及一种以直觉来了解自己的过程。

诺斯替教派与主流基督教派有何不同？第一，诺斯替教徒不用“罪”“悔改”“得救”等观念，反而像佛教一样，谈论虚幻及彻悟。第二，主流基督教派视耶稣为拯救者及救世主，诺斯替教派只将他当作寻找内在知识的导师。因此耶稣所扮演的角色就像禅师。第三，主流犹太教与主流基督教派把神当作“全然的他者”（wholly other），但自性与神性对诺斯替教派而言是相同的，了解了自己也就了解了神。第四，许多主流基督教徒相信传说中耶稣事迹的真实性，譬如他是处女怀胎而生、死后身体复活、升天等；诺斯替教徒则认为这些是幼稚的观念，反映出一个人缺乏对真实的了解。总而言之，诺斯替教徒在灵性上的追求，主要依赖自己的洞见及瞭悟，而不是教会中所教导的教条或信仰。最后一点，主流基督教徒强调一致性及共有性的知识，诺斯替教徒则更关注个人的“秘密”知识上。

在此需要澄清一下“秘密”这个词的意思。知识被称为“秘密的”，并不是因为它隐藏起来不为人所知，而是深沉的心灵真理无法通过言语传授，必须通过心灵追求者亲身的体验才能了悟。所以诺斯替派的教师并不直接灌输学生知识，而是帮助学生点燃内在之光。从这些层面来说，诺斯替教徒在灵性的追求上与佛教是一致的。有些学者认为“活耶稣”与“活佛”的用词或许可以交替使用。

我个人的看法是，源自早期基督教时代的诺斯替主义，实际上是基督教中的禅。但矛盾的是，约翰福音最受基本教义派（fundamentalist）基督徒的喜爱，竟然是正统福音中最具“禅”意的。但是，这些埋藏在《约翰福音》书里的深层意涵，一直到我们拿它与其他诺斯替教派经文——譬如《汤姆士福音》(*Gospel of Thomas*) 及《与救世主的对话》(*Dialogue of the Savior*) 对照之后才发现。现代福音派或基本派基督徒不了解这个历史背景，于是把“我就是道路”误认为耶稣是“唯一”的道路。这其实是极大的误解。佩格丝以《与救世主的对话》中的一节来印证这一点，其中门徒问耶稣:“我们将往何处去？”耶稣以非常典型的禅风回答:“往你能到达的地方去，并且就站在那里！”同样，在回答同一问题时,《汤姆士福音》引用耶稣的话说:“一个彻悟的人里面有光，光照亮全世界。”因此，根据这些诺斯替派经句的解释方法来检视“我就是道路”的说法，我们可以很合理地将这个隐讳的讯息重新诠释为:“从你的自性（Self）开始，去找到你的路。因为没有别的路可循了！”佩格丝评论说，这些诺斯替派的说法都是指引灵性的追寻者回归自身——寻找个人内在的能力，找出自己的方向，迈向“内在的光”。

她又说，《约翰福音》中的许多故事和箴言都可以用这种方式来解释。

同时，我们也应注意，耶稣从来没有自称为神，那种把耶稣当作神的观念，是后世神学发展的结果。耶稣从未说自己是神圣的，他非常谦虚，甚至不说自己是“良善”（good）的。这一点对于曾仔细阅读《约翰福音》的人而言应该是很清楚的。耶稣赞美神时就将自己贬低，这在约翰福音中随处可见。譬如，他说：“我实实在在地告诉你们，子凭着自己不能做什么，唯有看见父所做的，子才能做；父所做的事，子也照样做。”（《约翰福音》第 5 章 19 节）他又说：“我凭着自己不能做什么，我怎么听见就怎么审判。我的审判也是公平的；因为我不求自己的意思，只求那差我来者的意思。”（《约翰福音》第 5 章 30 节）耶稣若认为自己是“道”并与天父相等，却把自己描述得那么无能，显然有点奇怪。事实上，即便在《约翰福音》中，耶稣也从未认为自己是神，他只把自己当作神的仆人。当他说：“我的食物就是遵行差我来者的旨意，做成他的工。”（《约翰福音》第 4 章 34 节）他很明确地表达了这一点。

很显然，《约翰福音》中的“我是”（I Am）并非指历史上的耶稣，而是引证更深的事实。神在出埃及记里让荆棘燃烧时告诉摩西它的名字“我是”。有趣的是，“我是”同时是神的名字，也是我们指自己时的自称。“我是”，既是开始，也是结尾。《约翰福音》一开头，约翰就用希腊文 Logos 代表“道”。整部书中，他还用了“生命的面包”“门”“世界的光”“照亮每一个人的真光”“活水”“复活及生命”等隐喻。另一个诺斯替教派的圣典《雷，完美的心》（*Thunder, Perfect Mind*）对“我是”也提出了一个特别的洞见，书中藉由女性的声音传达：

> 我是第一个，也是最后一个；
> 我是被尊敬的，也是被鄙视的；
> 我既是淫妇，也是圣女；
> 我是人妻，也是处女；
> 我不能生育，却有许多人是我的儿子；
> 我是无法被领会的寂静，
> 我是我名字的发声……

这一段与《约翰福音》中的“道”（Word，Logos）相互辉映，这种不谋而合实在妙极了。《约翰福音》是如此开始的：

> 太初有道，道与神同在，道就是神。这道太初与神同在。
> 万物是借着他造的；凡被造的，没有一样不是借着他造的。

读此序言，往往使我联想起《道德经》第一章的开宗明义：

> 道可道非常道，名可名非常名。
> 无名天地之始，有名万物之母。

这是多么完美的对照！因此，“我是”乃是无法被命名的，“道”也是无法被谈论的。它既什么都不是，也什么都是。正因为它不是一个东西，所以它可以是任何东西。也因为它什么都是，所以也什么都不是。这就是神秘的“我是”的本质。

在福音书中，耶稣曾问他的门徒，他们以为他是谁。例如，在《马可福音》中有下面的对话：

> 耶稣和门徒出去，往该撒利亚腓立比的村庄去。在路上问门徒说："人说我是谁？"他们说："有人说是施洗的约翰，有人说是以利亚，又有人说是先知里的一位。"又问他们说："你们说我是谁？"彼得回答说："你是基督。"耶稣就禁戒他们，不要告诉人。(《马可福音》第 8 章 27 至 30 节)

从耶稣大师的观点来看，把别人的回答拿来当作回答是不够的。耶稣要求每一个门徒自己回答他的问题："我是谁？"诺斯替教派福音里所提出的答案却有些不同。以下是《托马斯福音》的一节：

> 耶稣对门徒说："把我与别人比较一下，告诉我我像谁。"西门彼得说："你像一个正义的天使。"马太说："你像一个有智慧的哲学家。"托马斯说："主人，我的嘴完全没能力说出你像谁。"耶稣则说："我不是你的主人。因为你喝了酒，所以被我滔滔不绝的言辞所迷惑。"

在禅的传统中，禅师经常教学生去参"我是谁？"这个公案。在禅与诺斯替教派的传统里，自我的认知是达到彻悟不可或缺的基础。佩格丝教授在她的书中说："在深刻的层次上，了解自己也就同时了解了神，这就是诺斯替教派的秘密。"她引用另一位诺斯替教派的教师摩诺玛斯（Monoimus）的话来详细解释这个概念：

> 放弃寻找神、造物者或诸如此类的事。寻找神时你要把自己当作起点，探究在你里面的是什么，是谁将一切视为己有，还说出“我的神、我的心、我的思想、我的灵魂、我的身体”这样的话。找出悲伤、欢乐、爱与恨……的来源。如果你仔细审视这些事情，你会在自己心中找到“我是”。

从这个的角度来理解诺斯替教派，我们或许可将《约翰福音》第14章6节中耶稣的宣言翻译为“自性即是道路、真理、生命；若不是借着自性，没有人能到天父那里去。你们既然认识内在的自性，也会认识天父的。从此你们认识了“我是”，而且已经看见它了。”

某位禅师问学生：“你是谁？这个‘自己’是谁？”最可怕的是，这些问题是无解的。只要学生一有答案便立刻被否定。我到底真的是谁？我是我的思想、我的哲学、我的价值观、我的偏好、我的风格、我的财产？答案都是否定的。虽然我从环境中取得这些东西，却没有一样是真正的“我自己”。我是我的手臂、腿、牙齿……吗？不是的！失去这些我仍然可以活着。那么，我到底是谁？直觉的回答是，我是主体、行事之人、思想的思考者、经验的体验者。但问题是，这个主体、思考者以及观察者，自己却无法被观察。当我们观察一个主体，它就立刻变为客体。当我们的心被导向思考者，它就变成了一个思想。当学生在沉思“我是谁？”的问题时，立即有主客体的分裂产生。我们无法经由理性思考达到原来的“我”！自性必须维持永远的模糊不清。事实上，主体无法被观察，名字无法被命名，道无法被说出来。就如同理性的心无法领悟寂静一样。

“无人可到天父那里去，只有经由我才能去。”伟大的基督教神秘主义者及神学家艾克哈特大师对此非常了解，他曾在一个名为“人们经由我找到神”的布道会中，仔细探讨过主观世界的特性。他观察到：我看着野地的百合花带着光彩、色泽与叶片，但我看不见它们的芳香。为什么？因为它们的芳香在我里面。在我之外，没有一个芳香的“客体”存在。百合花闻起来很香，那是因为我在这里闻它们。同样地，声音、颜色与触觉若与观察者脱离，也不会有客体的存在。一棵树若在森林中倒下是无声无息的，除非有人在那里倾听。当然，经由空气的波动仍会有震动产生，但是若没有观察者在场，也就没有声音可被听到了。因为不同的观察者，所以就会听到不同的声音。一只蚊虫具有不同的接收器官，所听到的声音也会与人类听到的不同。

艾克哈特说：“神变成了现象来表达他自己。”当然，若是没有观察者，也就没有现象。因此，若要了解神，首先要了解观察者，也就是自己。这个“自己”是一切秘密的根源。艾克哈特对人类作了以下的评论：

> 每一个被造物都走在臻于完美的路上。整体来说，有一种由生命趋向神的运作在进行着。他们都仰赖我的认知，就好像必须经由我，它们才能被了解。我独自将这些被造物归还于神。

这真是绝妙的理解耶稣的话的方式：“只有经由我，你们才能到父那里去。”“我就是道路”，这句话也并不是一种妄自尊大的表现，它并没有给基督教垄断真理的权利。反之，它是在提示我们，应该深入探索自己的内在世界。因为，不论是哪一种宗教、文化或信仰，我们都有一个可供参考的共同点：“自性”（Self）这个最终的观察者。所以，“我”即是道路！

后记　新范型的开始

容易理解和精确度是不能兼顾的。

——罗素

一切经书都包含内在与外在的意义。

——莫利斯·尼克（Maurice Nicoll）

我读高二时，教我中国文学的老师告诉了我一句永难忘怀的话：阅读古典文学是一份活泼的终身事业。

阅读宗教经典也是同样一回事。有些审阅过本书原稿的人告诉我说，他们并不赞同我对《圣经》某些章节的诠释方式。对这一点我想做个说明：我从未表示过我有能力作出最好的甚至是最究竟的诠释。多元化的解说对我而言从来不是个问题，这只是生命多样性的一种展现，但如果企图强迫别人接受我们的诠释，那么暴力行为、人类的苦难及灵魂的钝化就开始了，我不时会改变我对经典的诠释，而这些改变是令我喜悦的，并不会带来焦虑不安。只有透过改变我们才能成长。

许多人完全错失了耶稣教诲中的喜悦、幽默和深度，因为他们一直紧抓着早期上主日课所听到的解释。从某方面来看，这些人很像蝴蝶，非常害怕从自己的蛹中跨出来，又像是不敢脱掉童装的成年人。他们拒绝透过个人生命经验来增进自己的理解，经典的话语就像僵化的文件一样存留在他们心中，随着时间逐渐被淡忘。它们并没有转化成一种生活语言。

问题就出在西方人对真理所抱持的概念。请闭上双眼一分钟的时间思考一下“真理”这件事，这时你的心中会出现什么意象？对大部分人来说，真理通常与坚实、终极性、永恒、普世性及安全感息息相关。然而耶稣却用“活水”来比喻真理，这是他另一则震撼人心的教诲。我们把真理观想成如岩石般坚实的东西，耶稣却把它观想成为水：没有固定的形状、伸缩自如、无法捕捉。“活”这个形容词不该被忽略，因为真理是一个活生生的东西，它会在我们的心中滋长，真理如同生命一样，固化它就等于在谋杀它。心灵成长意味着在真理上每天都有新的发现。佛陀说过一则登岸不需舟的故事。某人乘筏渡河，虽然已经上岸了，却舍不得把筏丢弃而只好扛着它到处走，最后变成了众人的笑柄。佛陀说：“我的教诲就像筏一样，它是帮你渡河的工具，而不是执着的对象。”

无常正是现实的动作方式。世界永远在变、情况永远在变、我们自己也永远在变。改变才是唯一的真理。因此，执着于任何一种概念、想法、教条或意见，都像是一种灵性上的自杀。同样的，科学家也不该执着于他们固有的理论，如果出现更好的理论他们就该采纳它。因此，真理和安全感是无法并存的。如同汉斯·库恩的观察：“真理越是陈腐（譬如陈腔滥调或平庸之见，等等），就越能带给人安全感。反之，真理越有分量（譬如美学、更高的道德和宗教上的真理，对比于数学上的真理）带给人的安全感就越少。”

这便是心灵教育和其他教育的不同之处。心灵教育和累积知识无关，这一点跟学术上的研究是完全不同的。老子曾经说过：“为学日增；为道日损。”禅的修习主要就在放下、无学、反程序化。这便是禅反教条的作风。禅以“教外别传”为荣，而且是“不立文字”的。这是它不执着于真理的一种逻辑上的结论。

暧昧性是《圣经》诠释上的另一个难题。某位友人不止一次向我抱怨说，他发现福音书很难阅读，是因为其中的含意经常暧昧不明。我的朋友是大众传播领域的老将，在退休前一直是某家营销公司的总裁，对他而言，耶稣是个传播能力很差的人。他的说法是“如果这真是耶稣的意思，他为什么不说得更直截了当更明白一点？为什么要不断地绕圈子？”

我对我的朋友深感同情。同样的问题也困扰了我许久。身为一名受过数学和科学训练的人，我对这种不明确的态度也同样有过反感。我一向无法真的欣赏诗与文学，因为我始终不知道该怎么正确地诠释它们，所以只好阻绝于人类的宝贵遗产之外。在文学的领域里，我算是个基本教义派人士，直到我发现了暧昧性的美。

虽然大部分人都把暧昧性视为一种缺憾，不过暧昧性确实很有用。其中的一个用处是，它能促成个人化的学习。除非我们能领会每个人的心灵成熟度都有所不同，而经典并不是为了满足特定精英族群的需要，否则就无法欣赏暧昧性的价值。

罗素认为容易理解和精确度是不能兼顾的。诗人都很清楚，暧昧性和意义是相辅相成的。心灵上的真理着重的是意义而非事实的陈述，而意义便是个人经验的目的。如果重读儿时所听过的童话故事，可能会从中发现崭新的意义。小时候我们还不够成熟，所以无法理解其中的意思。从某个角度来看，《圣经》应该有千千万万个版本，因为每个人都有自己独特的看法，即使我们很努力地想保持客观。在诠释的活动中，主观性是内建的，我们是什么样的人，就会产生什么样的解释。暧昧性的美就在这果：它会自动地为我们量身定作出我们所能理解的经典意涵；其中的讯息既不会超出我们的理解，也不会幼稚到有辱我们的智力。它的意义会随着我们成长，这便是“无为”的另一项奇迹！

暧昧性还有另一个好处，它会封住经典中高层的心灵意涵，让那些尚未准备好的人无法意会它。莫利斯·尼克发现“一切经书都包含内在与外在的意义”。外在意义可以满足大众的需要，内在意义则能满足成熟读者的需要。如果把高剂量的心灵教诲注入不成熟的心智中，将会造成反效果。《圣经》最令我印象深刻的地方就在于它的可塑性：它可以用来传达“高机密“性的谭崔教诲，也可以当成主日课的初阶教材。

耶稣毫不迟疑地告诉过我们，他的许多高层教诲是有所保留的，而且是用寓言的形式编成了密码。他对他的门徒说：“有关上帝奥秘的知识已经给了你们；至于对其他的人，就用比喻，使他们视而不见，听而不明。“(《路加福音》第 8 章 9 至 10 节）尼克探讨过这个编成密码的过程：

真实的意义被遮蔽，是因为如果表达得太明白，可能就没人会相信，每个人都会认为那是胡言乱语。这么做并不是在误导人，而是要预防高层的意义被误解成低层的意义，而破坏了它更精深的意涵。理解力以及对差异的辨识力，都需要很久的一段时间才能发展出来。

在写这本书之前，我完全赞同托马斯·杰斐逊所说的，新约的某些部分“是由一位不同凡响的人着手撰写的，其他部分则是由资质甚差的心智者所杜撰的”。有很长的一段时间，我与许多学者及知识分子都抱持相同的观点：耶稣的话语曾经被篡改过，他的核心教诲也因为宗教组织的发展而被扭曲了。但如果这些高层的意涵被遮蔽是源自于耶稣他自己，那么我们就必须质疑这种不实的手段是否存在过。

关键就在于认清内在意义和外在意义是同时并存的，这样才能解决长久以来所存在的，介于神秘主义者与正统宗教信徒、耶稣与法利赛人、知识分子与宗教追随者者、自力救赎者与基本教义派信教之间的矛盾。长入以来，有神秘体验的人及灵性演化较高的人，他们的话语在正统宗教组织的眼里，一向被视为异端邪说及“真实信仰”的扭曲。反之，高层精神境界的人则把这些基本教义派信徒视为穿着童装、永远拒绝长大的成年人。这些问题是普世性的，不是基督教的专利。这种宗教见解上的差异性，造成了佛教上座部与下座部之间的分裂，主流佛教徒对密宗修行人的藐视，以及苏菲神秘者与伊斯兰传统之间的困扰。

自力救赎者与基本教义派信徒之间的紧张，在短时间内是不会消除的。主要的问题就出自于人们对经典的内在意义缺乏了解。最深的问题则源自于我们心灵的本质。从某个角度来看，我们都具有基本教义派信徒的某种本能，因为基本教义派反映了灵魂对安全感、确定性、慰藉以及现成答案的渴求。基本教义派的态度跟药物上瘾者十分相似，两者都不愿意接受生命的挑战。社会心理学者史坦顿·皮欧（Stanton Peele）以及阿尔奇·布拉斯基（Archie Brodsky），为爱及上瘾做出了以下的区分：

有上瘾倾向的人无法把眼前的新情况视为一种探索、满足或达到某种成就的机会，他只会想到失败时可能遭到的羞辱。一个非常惧怕失败的人一定会逃避新的事物，他是保守的，一心只想回归到安全的例行公事和仪式里。

爱与上瘾最根本的不同就在于，一个渴望成长和体验，另一个则渴望原封不动。

渴望安全感和执着反映了灵魂根深蒂固的某种真相，我们是不可能将它连根拔除的。我们只能以爱来治疗它、平衡它。不过灵魂还有另一种渴望，它也想冒险、投入未知、探索生命的丰富性、开放自己、追寻真理、美及诗意。其中埋藏着一股创造性的张力。还记得吗，禅是不跟现实的任何一部分对抗的。平衡才是关键所在。

这本书最主要的目的就是要引介一个整合的途径，它可以从紧张中看到价值，从阴影中看到珍宝，从困境中创造出机会，并且将人类的不完美视为一种更高的完美形式（它允许成长）。这个途径不追求对生命的彻底掌控，因为它发现掌控其实是个幻觉。它能够容纳矛盾性及神秘性，而且视它们为一种美。它既不承诺慰藉，也不承诺救赎（暂时的麻醉），不过它确实能让我们借由自我发现而得以成长。这便是禅的精髓。

如同禅师所说的，每一个结尾都是新的开始，我希望这本书的结尾对你来说也是一个新的开始：找到一种阅读《圣经》的新典范，以全新的角度来欣赏耶稣的教诲，对世界宗教传统有一种新的融通视野，最重要的是以无惧的精神（爱）进入生活中！

致谢

衷心感谢我所有的老师，尤其是克里希那穆提（J. Krishnamurti），他独特与不留痕迹的方式，深深启发了我的灵感。特别感激威廉·贝洛斯（William Burrows）的建议及介绍，使这本书得以出版，杰克·威廉姆斯（Jack Williams）在整个写作及校阅过程中给了我珍贵的协助，李·佩顿（Lee Paton）颇费苦心地审阅我的初稿，并提出许多贴切极佳的意见，戴维·张（David Cheung）及西蒙·谭（Simon Tang）两位不断地给予我鼓励与支持。

还要感谢其他对这本书有贡献的人士，图腾·丘卓（Thubten Chodron）、艾瑞克·肯普曼（Erick Kampmann）、弥尔敦·郭（Milton Kwok）、娄·马图提尼（Lou Mattutini）、李恒钺，以及我在万赖特堂（Wainwright House）、纽约开放中心（New York Open Center）和纽约世界佛教青年会（World Young Men's Buddhist Assocaiton）的所有朋友、同事及学生们。我还要感谢一直与我保持对话的基督教友人，他们的好奇、睿智的质疑以及分享个人经验的意愿，使这本书的内涵更为丰盛。

感谢十字路口（Crossroad）出版社工作人员的热忱和对这本书的信心与持续的支持。

最后，我要特别对内人洁明表达最深的谢意。她的慷慨、理解与全力支持，使我得以圆满地完成此书并付梓出版。